죽설헌 원림

竹雪軒 園林

죽설헌 원림

화가 박태후의 정원 일기

열화당

책머리에

나는 화가이기에 글 쓰는 재주는 영 젬병이다.

실업계인 호남 원예고등학교에 입학하면서부터 과수·채소·화훼 등에 관해 배우다 보니 자연스레 꽃과 나무를 알게 되고 좋아하게 되었다. 산야를 돌아다니며 각종 나무들의 종자를 채취해 파종(播種)하고, 삽목(挿木)하고, 접붙이고, 전정(剪定)하는 기술들을 배우며, 나무를 심고 가꾸기 시작한 지 사십여 년이 흘렀다. 수많은 시행착오와 경험을 바탕으로 조그만 정원이 만들어져 죽설헌(竹雪軒)이라는 이름을 짓고, 죽설헌에 피어난 봄, 여름, 가을, 겨울의 모습들을 이 작은 책에 담아 보았다.

여러 정원수들 중에서도 특히 대나무를 좋아해 집 뒤편 언덕에 대나무를 심었는데, 시간이 흐르다 보니 지금은 제법 울창한 왕대숲을 이뤘다. 온갖 새들의 보금자리로, 특히 산비둘기, 참새, 각종 철새 들이 해질 무렵이면 날아들어, 대숲에 어둠이 내려앉기 시작할 때부터는 잠자리에 들려는 새들에게 방해될까 봐 대숲 길 산책을 가급적 자제한다. 겨울에는 눈도 비교적 많이 내리는 지역이라 눈 덮인 대숲을 동경해 죽설헌(竹雪軒)이라는 당호를 짓게 된 것이다.

사실 죽설헌 정원은 외국의 수백 년 된 정원에 비하면 이제 갓 걸음마를 시작한 아이와 같다. 사십여 년 동안 만들어 왔다지만 초창기에는 정원이라는 개념조차 없었고, 그저 나무가 좋아 한두 그루씩 심기 시작해 정원의 흉내를 내게 된 것은 이삼십 년에 불과하다. 금년 봄에도 새로 묘목을 심고 고기왓장 몇 장을 들여왔으니 죽설헌 정원은 아직도 진

안방 창밖으로 내다보이는 앞마당.

행형이다.

그동안 보통사람들 못지않은 수많은 시행착오와 비싼 수업료를 내었으니, 이제 새로 시작하시는 분들께, 또는 전원생활을 꿈꾸는 분들께 내 경험이 조금이라도 참고가 된다면 하는 바람에서 그동안 메모해 두었던 글들을 한 권의 책으로 묶게 되었다.

도무지 글의 체계가 잘 잡히지 않고 내용도 들쑥날쑥하지만 굳이 화려하고 세련된 문장을 위한 대필 작가의 힘을 빌리지 않은 것은, 많이 서툴더라도 직접 오랜 기간 수없이 거친 시행착오들과 밑바닥 체험에서 묻어 나오는 따끈따끈한 경험과 생각들을 가감 없이 표현해 봄으로써 조금은 더 현장감있고 진술하게 독자들께 다가서기 위해서이다.

대도시의 복잡한 소음과 번잡함에서 벗어나 한적한 시골에 땅을 구해집을 짓고 나무를 심어 정원을 만들며 채마밭을 가꾸고 시골 생활을 시작해 가려는 분들께 현실적으로 작은 도움이나 참고가 된다면, 그리고 괜한 시간과 책값 낭비했다고 내동댕이쳐 책장 한쪽 구석에 처박히지만 않는다면 작은 보람이요 천만다행이리라.

일제강점기를 거치는 동안 조경 분야도 마치 안개비에 옷이 젖어들듯 일본 정원의 영향이 깊이 스며들었고, 여기에 서구 정원 양식까지 도입되어 우리네 한국 정원은 찾아보기 힘들게 돼 버렸다. 전국의 정원 양식이 해괴한 상태 그대로 천편일률적으로 닮아 가는 현실을 바라보면서, 한국 정원은 앞으로 어떻게 나아가야 할지 함께 고민해 볼 일이다.

2014년 1월
박태후

차례

여름, 초록의 향연

가을의 풍요, 겨울의 정취

죽설헌, 전원생활의 운치

봄, 꽃의 노래

아직은 이른 봄, 봄을 알리는 봄까치꽃

아직은 이른 봄!

응달진 북향 골짜기에는 아직 잔설이 있고 양지쪽 밭두둑에서는 새싹들이 기지개를 펴려고 할 즈음, 땅바닥에 좍 깔린 포기에 연한 하늘색의 밥티만 한 작은 꽃들이 앙증맞게 무더기로 피어나, 가만히 쭈그리고 앉아 들여다보면 소담스럽고 예쁘디예쁜 꽃들의 자태가 '아직 겨울이 다 지나간 것 같지 않은데 벌써 봄이 다가왔나' 싶은 감흥을 뭉클하게 불러낸다. 봄까치꽃이다.

봄에 가장 일찍 피는 야생화로 예전에는 개불알꽃이라 불렸는데, "이 꽃이 개불알꽃이랍니다"라고 소개하면 피식 웃음이 절로 나와서, 그래서 봄까치꽃으로 다시 이름 지어졌다.

죽설헌 정원에 눈이 녹아 훈훈한 봄기운이 돌 때면, 이곳저곳 양지 바른 곳에 지천으로 온통 흐드러지게 피어나 연한 하늘색 카펫을 깔아 놓는다.

일부러 심지 않았는데도 언제부턴가 주인 허락 없이 세 들어와 마치 제집인 양 아예 눌러 주저앉아 사는 녀석들은, 이 봄까치꽃을 비롯해 제비꽃, 민들레, 토끼풀, 질경이, 좀씀바귀, 양지꽃, 가락지나물, 뱀딸기, 주름조개풀 등 수없이 많다.

이건 대단한 횡재고 보너스다. 노력 하나 들이지 않고 완벽한 자연 생

자연이 직조해낸 양탄자, 남쪽 정원에 무리 지어 핀 봄까치꽃.

태계가 저절로 이루어져, 해마다 때가 되면 저희들끼리 피고 지고, 피고 지고다. 주변 환경에 잘 적응하는 녀석들은 흥해 가고 부적합한 녀석들은 점차 소멸된다.

내가 하는 일은 단지 일 년에 몇 차례 예초기로 키 높은 잡풀들만을 베어내는 것뿐, 키 낮은 야생화들은 잔디처럼, 카펫처럼 저절로 깔려 간다.

큰 나무 아래 그늘진 곳에는 그늘에 강한 야생화가, 햇볕 내리쬐는 양지쪽에는 햇볕을 좋아하는 야생화가, 습한 곳은 습한 곳을 좋아하는 야생화가, 건조한 곳은 건조한 곳에 잘 견디는 야생화가, 비옥한 곳은 비옥함을 좋아하는 야생화가, 척박한 곳은 척박한 데서도 살아남는 야생화가 빈틈없이 그들 스스로 꽉 채워 나간다. 그 속에는 지렁이, 땅강아지, 귀뚜라미, 여치, 땅개비, 사마귀, 개구리, 물뱀 들도 제멋대로 허락 없이 들어와 산다.

바로 이것이다. 깔끔하게 정리정돈한 잔디밭이나 인위적으로 잘 다듬어 가꾸어진 정원에서는 쉽게 찾아볼 수 없는, 살아 숨쉬는 자연이 저절로 만들어지는 것이다. 잡풀 한 포기 없이 오직 잘 다듬어진 잔디만이어야 한다는 고정관념을 손바닥 뒤집듯이 바꾸어 생각하면 아주 간단하다. 잔디밭에서 힘들여 뽑아내는 토끼풀, 민들레, 질경이 등의 잡초들(이들은 사실 하나같이 훌륭한 야생화들이다)을 그대로 놔둔 채 가끔씩 예초기로 키 큰 풀들만 베어내 주면 다양한 무늬의 형형색색 천연 카펫이 계절 따라 저절로 탄생되는 것이다.

연한 하늘색 카펫이 양지바른 정원 한편에 자리잡을 수 있는 것은, 눈에 거슬리고 귀찮게만 여겨지는 잡초들이 죄다 야생화로 보일 때만이 가능하리라.

눈 속에서도 파란 싹을 밀어 올리는 수선화

혹독한 긴 겨울이 지나고 쌓였던 눈이 녹으면, 양지쪽에 얼었던 흙을 뚫고 제일 먼저 싹을 밀어 올리는 구근화초(球根花草)가 바로 수선화다. 녹색의 싹이 올라올 때 행여 꽃샘추위로 쏟아진 눈이나 된서리에 어린 잎이 괜찮을까 걱정이 되지만, 웬걸, 쌓인 눈 속에서도 파란 싹은 끄떡없다. 이렇듯 수선화는 봄에 아주 일찍 싹이 터 나오므로 옮겨 심으려면 가을이 좋다. 상사화, 참나리, 작약, 모란 들도 마찬가지다.

햇볕이 잘 들고 물이 잘 빠지는 비옥한 토양에 심으면 점차 포기가 들어차 한 무더기를 이루어 가면서 풀 속에서도 끄떡없이 버텨내, 한 번 심어 놓기만 하면 신경 쓸 것 없는, 정원에 빼놓을 수 없는 구근화초다.

가장 많이 퍼져 있는 수선화는 삼월에 피는 노란 나팔수선이다. 제주도에서는 일이월이면 꽃잎은 하얗고 꽃심이 노란 수선화들이 지천으로 널려 있다. 돌담 사이에 무리 지어 피어 있는 수선화를 한겨울에도 감상하면서, 아직은 이른 봄을 따뜻한 남쪽 제주도에서 만끽할 수 있다.

한 꽃대에 작고 흰 꽃이 두세 개 달리는 또 다른 수선화는 사월이 다 지나가면서 가장 늦게 피는데, 어찌나 깨끗하고 소담스러우며 수줍어 보이는지, 죽설헌(竹雪軒)에서 호랑이 어금니처럼 가장 아끼는 꽃 중의 하나다.

대숲이 끝나는 뒷길에 나란히 핀 수선화.

춘곤증을 쫓아내는 봄나물

겨우내 쌓였던 눈이 녹으면 서서히 봄나물이 식탁에 오르기 시작한다. 무공해 신선 채소를 연중 끊이지 않게 하기 위해 십여 평 규모로 설치한 작은 비닐하우스 안은 벌써 온도가 올라, 한낮에는 수증기로 자욱해진다.

겨울 내내 상추, 마늘, 배추, 갓 등이 식탁 위에 오르지만, 밭고랑 사이사이에 돋아난 곤반부리 나물을 된장에 묻혀 식욕을 돋우다 보면, 어느새 비닐하우스 바깥 눈 녹은 양지쪽에는 냉이가 땅바닥에 바짝 깔린 채 모습을 드러낸다.

이른 봄에 가장 먼저 채취할 수 있는 냉이를 뿌리째 뽑아 냉이 나물, 냉이 된장국으로 봄을 맞이한다. 아내는 냉이 나물, 냉잇국을 자주 먹으면서부터 늘상 시달리던 춘곤증이 사라져 그렇게 좋을 수 없다고 호들갑이다. 아마도 냉이를 비롯한 보리순, 햇쑥, 머위, 쑥부쟁이, 돌미나리 등 여러 봄나물 때문이리라. 양지쪽 언덕에 돋아난 쑥을 캐 쑥국을 끓이거나 쑥전을 부치면, 그윽한 쑥 향이 코끝을 자극한다. 논밭둑에는 쑥부쟁이가 지천이고, 물기있는 도랑 가까이에는 돌미나리들이 머리를 내민다.

밤나무, 감나무 등 큰 나무 아래로는 머위들이 쫙 깔려 있는데, 새로 돋아난 머위 싹은 쌉싸름한 맛이 봄철 입맛을 돋우는 데 그만이어서 내

22

시골 생활의 풍요로움, 밤나무 아래 자생하는 머위.

가 가장 좋아하는 봄나물 중 하나다. 머위는 반그늘에서 잘 자라기 때문에 큰 나무 아래 그늘진 곳으로 군데군데 심어 놓으면, 세월이 흐르면서 점점 주변으로 번져 나가 음지 지피식물(地被植物) 가운데 빼놓을 수 없는 야생화로, 그리고 나물로도 유용해서 일석이조다.

손바닥보다 훨씬 넓은 녹색의 잎들이 무성히 우거지면 잡풀도 더디 나고 시골스러운 풍요로움이 가득해 한국 정원에 아주 잘 어울릴뿐더러, 이른 봄 돋아난 새싹은 나물로 먹고, 여름에는 잎줄기를 채취해 각종 탕을 끓이면 섬유질이 풍부하고 맛도 독특하다. 늦은 봄에 올라오는 꽃대는 눈에 띄지 않아 무심코 지나치기 쉽지만, 발길 멈춰 관심 갖고 들여다보면 머위가 저렇게 예쁜 꽃도 피우나 하고 새로운 발견을 하게 된다.

이른 봄 부추는 또 어떤가. 약간 붉은 기를 띠며 올라오는 첫 부추 싹은 인삼보다도 좋다나? 부추도 한 번 심어 놓으면 매년 봄부터 가을 서리 내리기 전까지 계속해서 자라니, 수시로 부추 순을 잘라 식탁에 올릴 수 있는 매우 요긴한 채소다. 텃밭 한쪽 햇볕이 잘 드는 곳 한두 평 정도는 부추밭을 꼭 만들어 보기를 권한다. 늦여름 하얀 부추꽃이 무리지어 피어나면, 부추도 저렇게 예쁘고 아름다운 꽃이 피는가 놀라게 될 것이다.

사실 가만히 들여다보면, 우리가 먹는 채소들을 단지 먹을거리로만 치부해 버리며 관심을 기울이지 않아서 그렇지, 채소가 화초 못지않은, 오히려 더 예쁘고 아름다운 꽃을 피워낸다는 사실을 알게 될 것이다. 단지 화초처럼 화려하지 않아서 얼른 눈에 띄지 않을 뿐이다.

토란이나 감자, 머위, 부추, 당근, 쑥갓, 무꽃 등을 철 따라 기다릴 정도가 되면, 진정 자연과 전원생활의 깊이를 아는 사람이리라.

앙증맞은 꽃이 자아내는 그윽한 향, 삼지닥나무

삼지닥나무는 가지가 반드시 세 개로 갈라져 자라기 때문에 그렇게 이름이 붙여졌다. 종이 만드는 원료로 쓰여 한때는 전라도 고흥 지방에서 많이 재배되었으나, 지금은 거의 사라지고 군데군데 밭 가장자리 언덕에 한두 그루씩만 남아 있어, 예전에 많이 재배되던 곳이었음을 짐작케 할 따름이다.

키가 낮게 자라는 낙엽관목(落葉灌木)으로, 물이 잘 빠지고 햇볕이 잘 드는 따뜻한 곳에서 잘 자란다. 천리향이라 불리는 서향(瑞香)과 외형이 아주 비슷한데, 서향은 겨울에도 잎이 지지 않는 상록수인 반면, 삼지닥나무는 가을이면 잎이 지는 낙엽수이다. 낙엽이 지고 나면 약간 붉은 기를 띠는 새 가지 끝마다 팥알만 한 작은 꽃봉오리들이 매달리는데, 겨울을 나면서 꽃봉오리들이 점점 커 가는 모습을 눈여겨보는 재미도 쏠쏠하다.

날이 풀려 삼월이 되면 꽃이 피기 시작하는데, 여러 개의 작은 꽃들이 모여 마치 한 송이처럼 보인다. 개개의 작은 꽃들이 노랗게 벌어지기 시작하면 새의 새끼들이 먹이 달라고 입 벌린 모습처럼 깜찍하다. 백합꽃 향기는 진하다 못해 독하게 느껴지는 반면, 삼지닥나무꽃 향은 어쩌나 진하면서 감미로운지 그 주변을 은은하게 휘감아 버려, 한번 맡고 나면 마당 한편에 심고 싶은 욕망이 절로 일 것이다.

품격 높은 향기를 지닌, 북쪽 정원 끝자락의 삼지닥나무.

입 벌린 어린 새들처럼 깜찍한, 기왓담 위에 늘어진 삼지닥나무꽃.

키 낮은 관목으로는 오로지 철쭉만이 제일인 것처럼 전 국토가 일본산 철쭉들로 초만원이지만, 조금만 눈을 돌려 보면 삼지닥나무나 돈나무 같은 품격있고 꽃향기 진하고 귀한 나무들이 곳곳에 숨어 있음을 알 수 있을 것이다. 단지 말초신경을 자극하는 외래 수종(樹種)들에 밀려, 우리 주변에 너무 가까이 있다는 이유 하나만으로 제대로 눈길 한번 받지 못해 왔을 뿐이다.

이것이 우리네 정원의 현주소다.

거침없이 피어나는 강한 생명력, 민들레

민들레처럼 생명력이 강한 야생화도 흔치 않다. 습지가 아닌 햇볕이 잘 드는 곳이면, 잔디밭, 도랑 길 옆, 자갈 사이, 시멘트 담장의 금이 간 틈새 등 열악한 곳에서도 뿌리 내려 이른 봄 일찍 노오란 꽃을 피우는, 우리 주변에서 흔하게 볼 수 있는 친숙한 야생화다. 발에 밟혀도 죽지 않고 땅바닥에 바짝 깔린 채로 꽃대를 밀어 올려 피는 모습에서 강인한 생명력을 엿볼 수 있다.

지금은 서양 민들레가 많이 퍼져 거의 대부분을 차지하고 토종 민들레는 보기 힘들어졌지만, 겨울에도 땅바닥에 쫙 깔린 진한 녹색의 잎을 하얀 눈 속에서 볼 수 있고, 이른 봄 탐스러운 노란 꽃들을 피워내 봄철 내내 꽃대를 밀어 올려 계속 피고 지고, 피고 지고 한다.

꽃이 진 꽃대 끝에는 왕방울만 한, 솜사탕처럼 부드러운 하얀 꽃씨 덩어리가 맺혀, 피어나는 노란 꽃들과 함께 환상적인 조화를 이루다가, 꽃씨들이 미풍에 하나씩 낙하산처럼 흩날리는 모습을 바라보는 재미도 그만이다. 흩날리기 직전에 씨를 받아 정성스레 모종판에 곧바로 파종(播種)하면 발아가 잘되는데, 그것도 귀찮으면 정원에 마구 흩뿌려 놓아도 드문드문 뿌리 내려 자라고 있는 녀석들을 발견할 수 있을 것이다. 한번 자리잡으면, 다년생 숙근초(宿根草)라 매년 꽃을 피워 그 주변으로 저절로 계속 번져 나가니 신경 쓸 일이 없다. 죽설헌 정원에도 민들

기왓담 산책로 한편에서 솜사탕 같은 홀씨를 맺은 민들레.

레를 퍼트리려고 길 가다 민들레를 발견하면 여기저기서 꽃씨를 받아다가 정원 전체에 마구 뿌려 놓았더니, 저희들 살기 좋은 환경에 스스로 뿌리 내려 지금은 정원 곳곳에 제법 퍼져 있다. 물론 키우는 정성이 어찌 없었으랴.

몇 년 전에는 친구 부부 여럿이 놀러 왔다가 차 마시며 환담 나누는 사이에, 정원 둘러보러 나갔던 부인들이 저마다 몸에 좋아 약으로 쓴다며 비닐봉지에 가득가득 민들레를 캐 들고 나타났다. 온갖 정성 쏟아 애지중지 가꾸어 번식시켜 놓았던, 점점 사라져 이제는 보기 힘들어진 토종 흰 민들레꽃 감상하는 재미로 봄날 시간 가는 줄 모른 채 정원을 수시로 산책해 왔는데, 그 흰 민들레만 골라 죄다 캐 온 것이다. 민들레만 보면, 그때 속으로 삭히며 표정 관리하느라 애썼던 기억이 생생하다.

봄꽃 소식의 전령, 산수유

겨우내 쌓였던 눈이 녹아 흐르고 추위가 서서히 물러갈 무렵인 이월의 달력을 넘기고 나면, 동백, 납월매(臘月梅)에 이어 이른 봄의 꽃 소식을 알리는 것이 바로 산수유꽃이다. 산수유는, 지리산 자락에 위치한 구례의 산동(山洞)이 크게 군락을 이루고 있어 유명하다. 지리산 깊은 골짜기의 눈 녹은 맑고 차가운 계곡물이 흐르는 산동면 일대가 아름드리 산수유나무들로 꽉 들어차, 마을 돌담 사이에, 마당 한편에, 밭 언덕에, 계곡 바위 틈 사이에 지천으로 노오란 꽃이 만개할 때쯤이면, 산동계곡 전체가 노란 물감을 한 동이 가득 쏟아 놓은 듯 한 폭의 수채화다.

그런가 하면, 빨갛게 익은 산수유 열매들이 가지가 늘어지도록 매달린 가을 풍경도 또 다른 아름다움으로 다가온다. 늦가을 낙엽이 다 진 가지에 빨간 산수유 열매들만 조록조록 매달려 있다가 소복히 눈이라도 내려앉으면, 그 모습은 호랑가시나무 열매, 찔레 열매, 감에 흰 눈 쌓인 초겨울 풍경과 함께 감수성 예민한 이들의 심금을 울리는, 또 다른 숨겨진 자연의 모습이다.

이 열매들의 공통점은, 하나같이 새들의 훌륭한 먹이이므로 온갖 새들을 불러들인다는 사실이다. 어치, 직박구리, 멧새, 참새, 비둘기, 꿩 등. 그래서 공원을 조성할 때 반드시 유념해야 할 몇 가지 기본 원칙이 있다. 첫째, 공해와 각종 병충해에 강한 나무를 심을 것. 둘째, 그 지역

샛노란 꽃으로 봄을 알리는, 서쪽 언덕의 산수유나무.

환경과 토양에 적합한 수종(樹種)을 선택할 것. 셋째, 새들의 먹이가 될 열매를 맺는 나무를 심을 것.

새들을 굳이 새장에 가두어 기를 이유가 없다. 정원이나 공원에 새들이 좋아하는 열매가 맺히는 나무를 골고루 심어 놓으면 새들은 저절로 모여든다. 보리수를 시작으로 앵두나무, 자두나무, 살구나무, 뽕나무, 산벚나무, 야생목련, 사과나무, 감나무, 산수유나무, 송악, 찔레나무 등등.

한겨울 동백꽃이 피면 어디에 있었는지 동박새가 나타난다. 밤나무, 가래나무, 호두나무, 상수리나무, 잣나무 등이 있으면 다람쥐, 청설모가 모습을 드러내 바쁘게 오르내린다. 오염된 물이 맑아지면, 삼급수에서나 살던 붕어, 잉어 외에 가재, 송사리, 새우, 모래무지 같은 맑은 물에서만 사는 놈들이 저절로 생겨나고, 한때 멸종 위기까지 내몰린 수달도 모습을 드러낸다.

자연은 무한대로 깊고 오묘하고 신비롭다. 인간이 안다고 하는 것이 극히 작은 일부분에도 미치지 못한다는 사실을, 자연을 따뜻한 눈으로 좀 더 깊이 들여다보고서야 조금씩 느끼게 된다. 엄청나게 오염되고 훼손된 자연일지라도 그대로 가만 놔두면 스스로 복원된다. 인간에 의해 없어졌던 것들이 자연스레 복원되면서 어느새 다시 생겨나서, 먹이사슬의 축이 저절로 형성되어 간다.

한편, 산수유꽃과 매우 비슷한 것으로 생강나무꽃이 있다. 산수유꽃보다 좀 더 일찍 피는데 꽃 색깔이나 외형이 비슷해서 구별이 쉽지 않다. 차이가 있다면, 생강나무는 관목(灌木)으로 키가 작고 내한성(耐寒性)이 강해 음지에서 잘 자라며 공해에 약하고 이식이 곤란한 성질이 있으나, 산수유는 크게 자라는 교목(喬木)으로 물이 잘 빠지고 햇볕이 잘 드는 곳이면 어디서나 잘 자라고 관리하기도 쉬워 정원수로 훌륭한 수종이다.

군자의 품격을 지닌 매화

전남 순천의 금둔사(金芚寺)에 납월매(臘月梅)가 피었다는, 아직은 이른 봄꽃 소식을 지허(指墟) 스님께 전해 들었다. 광양, 순천 지방의 매화들이 만개했다는 뉴스다.

음력으로 한 해의 마지막 달인 섣달, 양력으로는 일월 깊은 겨울에 꽃이 피기 시작하기에, 지허 스님은 '섣달 납(臘)' 자를 써서 납월매라 부른다. 한겨울 눈 속에서도 한두 송이씩 피기 시작하다가 갑자기 혹한이 몰아닥치면 피어나던 꽃들이 동해(凍害)를 입어 떨어지기를 반복하고, 삼월로 들어서야 만개하는 홍매(紅梅)다. 홍매라고 하지만 꽃봉오리일 때는 진한 붉은색을 띠다가 만개하여 시간이 흐를수록 점점 색이 옅어져 분홍에 가까운 붉은색으로 변해 가며, 그 꽃잎도 겹꽃이다. 이보다 훨씬 늦게 피는 홍천조(紅天鳥)라는 홍매는 진한 붉은색 홑꽃으로, 만개해도 그대로 진한 붉은색을 유지하여 정열적이고 화려하기는 하지만 왠지 깍쟁이 같은 느낌이 들어 포근함은 덜하다.

납월매가 만발할 때쯤이면 백매(白梅), 청매(靑梅)가 다투어 피어나기 시작하는데, 백매는 꽃받침이 분홍색이고 청매는 초록색이어서 청매가 백매에 비해 훨씬 깨끗하고 서늘해 보여 내가 더 좋아하는 매화다. 마치 화장하지 않은 숫기 없는 처녀의 모습처럼….

백매, 청매가 흐드러지게 피어나면 이어서 분홍매가 피기 시작한다.

만발한 분홍매를 먼발치에서 바라보면 복숭아꽃 같기도 하고 살구꽃 같기도 한데, 사실 그림을 그릴 때 분홍색은 자칫 잘못 쓰면 촌스럽게 보일 수가 있는데, 자연의 분홍빛은 어찌나 아름답고 황홀한지 가슴속에 잔잔한 흥분을 일게 한다. 진달래꽃이 그렇고 복숭아꽃, 살구꽃이 그렇다.

홍매나 분홍매는 꽃이 피기 시작할 때까지는 가까이서 감미로운 꽃향기 맡으며 관상하다가, 만개하기 시작하면 멀리 떨어져 바라봐야 한다. 마치 무릉도원에 있는 듯한 감흥이 이는데, 성목(成木)일수록 느낌이 배가된다. 백매, 청매 속에서 한두 그루 만개한 홍매를 먼발치에서 바라보노라면, 다른 세계에 와 있지 않은가 착각할 정도로 잠시 현실을 망각하게 된다. 그래서 매화 정원을 조성할 때는 한두 그루의 홍매를 혼식(混植)하기를 추천한다.

매화 하면 구례에서 광양에 이르는 섬진강 주변이 규모도 방대하고 모습도 대단하다. 지리산에서 흘러 내려온 맑은 물이 흐르는 섬진강 좌우 산허리에 매화밭이 한없이 펼쳐져, 삼월에는 그야말로 매화꽃의 바다를 이루는 장관이 펼쳐진다.

사실 매화나무도 가지치기를 하지 않고 자연 그대로 자라도록 가만히 놔두어야 제맛이다. 거기에 최소한 몇십 년 이상의 세월이 흘러 굵은 매화나무 둥치에 이끼가 내려앉고 듬성듬성 고목의 흔적이 묻어나오는 정도가 되어야, 그야말로 군자(君子)의 품격과 기운이 맴도는 고고한 자태를 만끽할 수 있으리라. 그런 의미에서 선암사(仙巖寺) 대웅전 뒤쪽 돌담 가의 매화나무들은 단연 압권이다.

죽설헌에는 사십 년이 넘는 분홍매화 몇 그루가 부엌 바로 옆 창고 뒤

남쪽 정원에 만개한 납월매.

은은한 암향(暗香)으로 무릉도원을 연출해내는, 서쪽 언덕의 홍매, 분홍매, 백매, 청매.

기왓담 산책로에 핀, 고고한 자태와 황홀한 빛깔의 홍매.

편에 있는데, 서향받이 언덕이라 겨울에는 맞바람이 불어 춥고 을씨년
스럽지만, 분홍매가 만발해 미풍이라도 분다 치면 꽃잎들이 부엌 유리
창문으로 날아든다. 처음에는 한두 꽃잎씩 날리다가 이내 바람을 타고
마치 함박눈이 펑펑 쏟아져 내리듯 어지럽게 휘날려 창문에 부딪히는
광경이란…. 창문 틈새며 창고 슬레이트 지붕 위, 우물로 내려가는 동
백과 차나무 사잇길이 눈이라도 내린 양 수북이 분홍 매화꽃잎으로 쌓
인다.

매화꽃 향기는 또 어떠한가. 바람 한 점 없는 이른 새벽 매화나무 아
래로 가만가만 다가서면, 은은한 암향(暗香)이 마치 손에 잡히지 않는
안개처럼 매화나무 주변을 온통 휘감는다.

여름이 시작되는 유월, 가지마다 매달린 푸른 매실은 삼십 도 소주에
풀어 술을 담그거나 백설탕에 재워 차를 담그기도 하고, 진액으로 만들
어 건강 음료를 만드는 것은 물론, 배탈 날 때 먹는 가정상비약으로도
유용하다. 한편, 가지에서 노랗게 익어 가는 매실을 바라보며 즐기다 농
익으면 저절로 땅에 떨어져 나뒹구는 풍광도, 자연의 깊은 멋을 추구하
는 이는 희롱해 볼 만하다.

은은한 자연의 미소, 제비꽃

죽설헌 정원에 허락 없이 둥지를 틀고 사는 녀석들은 질경이, 토끼풀, 봄까치꽃, 자주괴불주머니, 주름조개풀, 뱀딸기, 제비꽃 등 헤아릴 수 없이 많다. 이른 봄부터 겨울까지 계속 바통을 이어받듯이, 한 녀석이 꽃을 피우는가 싶으면 어느새 다른 녀석이 빼꼼히 얼굴 내밀어, 다음을 기다리기가 무섭게 곧바로 꽃이 지고 난 빈 자리를 아무도 눈치채지 못하게 채워 버린다.

봄까치꽃이 이른 봄소식을 알리는 것을 시작으로, 민들레가 하나둘 노오란 꽃을 피우면, 양지쪽 언덕으로는 어느 결에 쑥이 얼굴을 내밀고, 한쪽 구석에서는 제비꽃이 엷은 하늘색과 흰색의 꽃을 피우기 시작한다. 제비꽃은 다년생 야생화이기 때문에 뿌리가 살아 있어 매년 그 자리에 자라지만, 씨가 점점 주변으로 흩어져 저희들 스스로 무리 지어 퍼져 나간다. 무더기로 피어 있는 모습은 잔잔한 자연의 미소 같다.

제비꽃은 키 작은 야생화이기 때문에 신경 쓰지 않으면 얼른 눈에 들어오지 않지만, 땅을 내려다보면서 천천히 걷다 보면 발걸음 멈추게 하고, 가만히 쭈그려 앉아 들여다보면 거기에 또 다른 자연의 아름다운 세계가 펼쳐져 있다. 이를 느낄 정도면 자연을 깊이있게 바라볼 줄 아는 이일 것이다.

꽃이 지면 작은 꼬투리 속에 까만 씨들이 빼곡히 들어차 있어, 성숙하면 손만 대도 봉숭아씨처럼 톡 터지며 사방으로 흩어진다. 씨를 채취하여 곧바로 물이 잘 빠지는 양지쪽 토양에 흩뿌려 놓고 잊어버리고 있으면, 이듬해 봄에 뜬금없이 꽃을 피우는 모습을 발견할 수 있을 것이다. 한두 포기만 있어도 점차 주변으로 번져 가는 광경을 매년 볼 수 있는데, 그 재미가 제법 쏠쏠하다.

봄까치꽃, 민들레, 자주괴불주머니, 자운영, 제비꽃 등 이들은 어찌 그리 적재적소에 빈틈없이 자리잡고 있는지, 마치 시골 오일장 길옆으로 아주머니, 할머니 들이 빈틈없이 좌판 벌이고 앉아 있는 듯하다.

남모르게 펼쳐진 또 다른 자연의 아름다움, 습지 앞에 무리 지어 핀 제비꽃.

하얀 목련이 필 때면

봄이 무르익어 갈 무렵, 양희은의 「하얀목련」이 라디오에서 흘러나온다. "하얀 목련이 필 때면 다시 생각나는 사람…."

꽃봉오리들이 일제히 북쪽을 향하여 하얗게 터져 나오기 시작하면, 세상에 이보다 더 순결한 백색이 있을까 싶을 만큼, 비단 꿈 많은 소녀들만이 아닌 모든 이에게 감동을 준다.

사실 목련은 활짝 피어 버린 때보다는 꽃잎이 벌어지기 직전의 봉오리 때가 가장 아름답다. 백목련이나 야생 목련은 눈부시게 하얀 속살이, 자목련은 가슴 떨리게 하는 진보라색이!

백목련은 개화 시기가 빨라 안타깝게도 늦서리를 맞을 때가 종종 있다. 가냘픈 꽃잎은 추위에 유난히 약해서 서리만 맞았다 하면 영 형편없는 모습으로 곤두박질쳐 버려, 한창 부풀어 올랐던 감동과 설렘에 일시에 찬물을 끼얹어 버리고 만다. 꽃이 피는 그 한순간을 위해 일 년을 기다린 셈인데….

그에 비해, 야생 목련은 백목련보다 약간 늦게 꽃을 피우므로 다행히 늦서리를 간발의 차이로 비껴갈 때가 많다.

야생 목련은 우리 자생 수종으로, 꽃 크기가 백목련보다 약간 작고 꽃잎도 더 얇아 만개하면 뒤로 젖혀진다. 백목련이 도시의 깔끔하고 세련된 숙녀라면, 야생 목련은 시골의 수줍은 색시 같다고 할까.

50

그러한 야생 목련은 백목련이나 태산목(泰山木)을 접붙이기 위한 대목용(臺木用)으로 주로 이용되어 왔는데, 최근에야 그 인식이 달라져 조금씩 관심을 끌고 있다.

　죽설헌 뒤 대나무 숲 너머에는 야생 목련 군락을 조성해 놓았는데, 꽃이 피기 시작하면 하루에도 몇 번씩 야생 목련 숲 속을 배회한다.

　열매도 꽤 많이 달리는데, 가을이면 붉은 과육에 둘러싸인 작은 콩만 한 크기의 검은 열매들이 대단히 매혹적이다. 새들이 좋아하는 먹이로, 죽설헌에서 새들이 따 먹으면서 일대의 야산에 야생 목련들이 군데군데 퍼져 가고 있다. 마치 산벚나무 열매인 버찌를 새들이 먹고, 그 배설물로 인해 산 전체로 산벚나무들이 퍼져 가듯이.

　이들보다 훨씬 늦게 오월에 들어서야 피어나는 자목련은 막 터져 나오는 짙은 보라색의 꽃봉오리가 어찌나 매혹적인지, 이보다 더 요염해 보일 수는 없다는 표현이 적절하려나?

　정원에 여유 공간이 있다면 야생 목련 외에 자목련도 한두 그루쯤 심어, 상큼한 짙은 보라색 꽃봉오리가 주는 감흥에 한 번쯤 가슴 떨려 볼 일이다.

수줍은 시골 색시의 순결함, 동쪽 정원에 군락을 이룬 야생 목련.

자연이 퍼뜨린 보랏빛, 자주괴불주머니

민들레, 제비꽃이 한창 피어날 무렵이면, 들깨꽃처럼 한 꽃대에 수십 개의 작은 꽃들이 매달려 붉은 기 도는 보랏빛으로 피어나는 자주괴불주머니가 습기 풍부한 나무 아래에, 언덕배기에, 계곡 바위틈 사이에 얼굴을 내민다. 아직 녹음이 우거지지 않은 때, 낙엽과 갈색의 죽은 풀잎들을 헤치고 보라색 꽃이 무리 지어 피어나면, 귀하고 세련된 느낌을 풍겨 봄이 시작되는 정원에 풍요로움을 안겨 준다.

한 포기에서 서너 개 이상의 꽃대가 올라와 군데군데 군락을 이루면 장관이다. 봄내 피던 꽃이 지고 나면 작은 콩깍지처럼 씨가 맺히는데, 누렇게 익으면 가만히 손만 갖다 대도 깨알보다 훨씬 작은 까만 씨들이 픽 하며 터져 사방으로 튀어 나간다.

처음에 어디서 어떻게 묻어 왔는지 죽설헌 사과나무 아래쪽에 한두 포기가 꽃 피더니, 몇 년이 흘러서는 그 근방 일대에 자주괴불주머니들이 온통 자리를 틀어 버렸다.

자연은 참 신기하고 오묘하다. 자라기 좋은 환경만 조성되면 일부러 심어 가꾸지 않아도, 어느 날 갑자기 눈 돌려 들여다보면 새로운 야생화가 빼꼼히 얼굴 내밀어 세월과 함께 점점 퍼져 가는 것이다. 자연은, 가만히 놔두면 스스로 빈틈없이 들어차 하나의 완벽한 조화를 이루어 간다. '이렇게 가꿔야 한다'는 고정관념만 버리면 미처 알지 못했던 자연

뒷뜰 찻자리 주변에 자생하는 자주괴불주머니.

봄 정원의 세련미, 사과나무 아래 무리를 이룬 자주괴불주머니.

의 아름다움을 만끽할 수 있다. 일년생 야생화이지만 한번 자리잡으면 신경 쓰지 않고 내버려 두어도 매년 주변으로 퍼져 가며 터줏대감이라도 되는 양 살아가는 것이 생명력 강한 야생화들의 최고 강점인 것이다.

점점 욕심이 생겨, 예초할 때도 조심조심 주의를 기울여 자주괴불주머니의 씨가 익을 때까지 남겨 놓는다. 그러다 보니 지금은 제법 죽설헌 정원의 곳곳에 퍼져 니가, 자주괴불주머니꽃 보는 재미에 푹 빠지다 보면 사월이 후딱 지나간다.

온갖 새들을 불러들이는 산벚나무

순백의 '목련꽃 오르가슴'이 끝나는가 싶으면, 바로 이어 화사한 벚꽃이 시선을 사로잡는다. 벚나무는 크게 왕벚과 산벚으로 나눌 수가 있는데 왕벚은 전국의 가로수를 비롯해 공원, 학교, 크고 작은 정원 등에 가장 많이 심는 수종이다. 일시에 확 피었다가 한꺼번에 지는, 일본인들이 가장 좋아하는 나무로, 일제강점기 때 학교, 관공서 등지에 많이 심은 것이 오늘날까지 자연스레 왕벚이 퍼지게 된 원인이기도 하다.

우리는 가로수조차도 유행을 좇기에 바쁘다. 한때는 왕벚나무로 전 국토의 가로수를 획일화하다가, 다음에는 은행나무, 그러다가 메타세쿼이아, 또 느티나무, 최근에는 이팝나무가 난리다. 이렇듯 유행을 타는 나무들이 하나같이 매우 좋은 조경수(造景樹)인 것은 틀림없다. 문제는 전 국토 구석구석에 일률적으로 유행처럼 심기 때문에 각 지역만이 갖는 고유한 개성과 특징이 고려되지 않는다는 점이다.

가장 따뜻한 제주도는 난대(暖帶) 수종인 구실잣밤나무, 후박나무, 협죽도, 녹나무 등으로, 따뜻한 남해안은 동백나무, 가시나무, 황칠나무, 돈나무, 먼나무 등으로, 남도 지방은 대나무, 멀구슬나무, 팽나무, 비자나무, 모감주나무 등으로, 강원도 추운 지방은 낙엽송, 잣나무 등으로, 그리고 배 주산지는 배나무로, 사과 주산지는 사과나무로, 곶감 주산지는 감나무로, 농촌 들녘은 포플러로, 강이나 호수 주변의 습지는 버드나

소박한 화사함, 대숲으로 가는 갈림길의 산벚나무.

무로, 삭막한 도시에는 공해에 강한 속성수(速成樹)로, 그래야 각 지역마다 차별화된 개성이 연출되지 않겠는가.

어느 한 수종이 괜찮다 싶으면 지역이나 나무의 특성은 고려되지 않은 채 너도나도 야단법석을 떨다 보니, 전 국토가 개성 없는 '짬뽕'이 되어 버렸다. 일부 지방자치단체장들의 무식한 일방적 취향이나 이해관계에 따라 뽑히고 심기고, 또 심기고 뽑히고, 이것은 지금도 신행형이다. 하여튼 사월로 접어들면 대한민국과 일본의 전 국토가 화사한 벚꽃놀이로 법석을 떠는 건 사실이다.

왕벚이 일시에 탐스럽게 개화하여 화사함으로 마음을 들뜨게 하지만 그도 잠시뿐, 꽃이 지고 나서 녹음이 한창 우거지는가 싶으면 채 여름이 다 가기도 전에 우수수 잎들이 떨어지기 시작한다. 병충해와 공해에 매우 약하기 때문이다. 어떤 해는 너무도 일찍 잎들이 다 떨어져 앙상하게 가지만 남아 있는 걸 보면서 '저래 가지고 내년에 꽃을 볼 수 있으려나' 걱정도 해 봤지만, 이듬해 끄떡없이 꽃들을 화사하게 피워내는 걸 보면 화아분화(花芽分化) 하나는 잘되는 나무 같다.

반면에 산에 지천으로 자생하는 야생 산벚은 왕벚보다 꽃이 약간 늦게 피면서 꽃 크기도 좀 더 작아 소박하고 수수해 보여 별 관심을 받지 못했던 게 사실이다. 하지만 새들이 매우 좋아하는 버찌가 어찌나 많이 달리는지, 잘 익은 까만 열매를 따 먹고 이 산 저 산 날아다니며 종자를 배설한 것이, 산벚나무가 온 산야에 퍼져 가는 원인이다.

죽설헌 마당 가에도 사십여 년 전 인근 다도면(茶道面)의 불회사(佛會寺)에서 산벚 종자를 따다가 심었던 게 지금은 아름드리로 자라서, 꽃이 피기 시작하면 밖으로 벚꽃놀이 나가지 않고 안방에서 제법 호사를 누린다.

　아침에 일어나자마자 하얀 광목천으로 만든 커튼을 젖히면 넓은 창밖으로 산벚나무들이 그대로 드러나, 한겨울을 지나고 나무에 물이 오르기 시작하면서 나날이 꽃망울이 부풀어 가는 모습을 바라보며 하루를 시작한다.

　산벚꽃은 만개하더라도 왕벚꽃처럼 화사하지는 않은데, 그 소박하고 수수한 자태가 마음을 편안하고 차분하게 해 준다. 한 잎 두 잎 미풍에 꽃잎이 날리다가 점차 마구 흩날리기 시작하면 그야말로 꽃비가 쏟아져 내리듯 마당이 온통 하얀 꽃잎으로 눈처럼 쌓이고, 바로 옆 물풀과 수련이 들어찬 작은 연못의 물 위에도 하얀 꽃잎들이 뒤덮이면, 깊은 봄을 제대로 만끽할 수 있다.

　꽃이 지고 열매가 맺히면 가지마다 성냥알을 빼곡히 붙여 놓은 듯 빨갛게 물들기 시작한다. 조금씩 흑진주처럼 새까맣게 익어 가면, 어디서들 알고 왔는지 어치, 직박구리, 물까치 등의 새들이 떼로 무리 지어 날아들어 산벚나무 가지 사이를 오르락내리락 야단법석이다. 이럴 때면 죽설헌이 초대형 새장이려니 생각하는데, 작은 새장 속에서 사람의 일방적인 취향에 따라 평생 갇혀 살아야 하는 불쌍한 새들의 모습이 떠오르기도 한다. 새를 굳이 새장에 기르기보다는, 이렇게 새 먹이가 될 열매들이 맺히는 나무를 심는 것이 자연을 관조할 수 있는 일석이조의 조경일 것이다.

천상의 황홀함을 선사하는 복숭아꽃과 티 없이 맑은 배꽃

사월이면 온갖 봄꽃들이 서로 다투어 피어난다. 산야가 온통 꽃밭이다. 그런데, 우리가 상투적으로 생각하는 정원수가 아닌 유실수들도 다른 꽃나무들 못지않은, 오히려 개성 넘치고 화려하면서도 현란한 꽃들을 피워낸다. 앵두나무, 자두나무, 살구나무, 배나무, 복숭아나무, 사과나무 등.

이 중 복숭아꽃은 사월 중순경에 만발하는데, 연분홍빛이라 홍매처럼 조금 멀리 떨어져서 보아야 제맛이다. 이 꽃과 궁합이 잘 맞는 배필은 배꽃이 아닐까 싶다. 배가 유명한 나주 일대는 온통 나지막한 구릉지대로, 사월 중순이면 하얀 배꽃이 질펀하게 피어나고 중간중간에 분홍빛 복숭아꽃이 모습을 드러내는 광경은, 안견(安堅)이 꿈에서 본 무릉도원 같은 천상의 세계가 아닐까 싶다. 신기루처럼 아지랑이 피는 배꽃과 복숭아꽃 속으로 혼미하게 빠져드는 느낌은, 직접 경험해 보지 않으면 어떠한 미사여구로도 표현해낼 수가 없을 것이다.

벚꽃 구경 간답시고 혼잡한 인파와 차량 행렬 속에 묻혀 요란하게 수선 피우기보다는, 배꽃과 복숭아꽃이 한데 어울려 흐드러지게 피어나는 곳을 찾아가는 건 어떨까. 여유를 갖고 천천히 어둠이 깔릴 때까지 조용히 산책하며 사색하다가 운 좋게 보름달이라도 뜬다면, "이화(梨花)에 월백(月白)하고 은한(銀漢)이 삼경(三更)인제…" 하고 이조년(李

兆年)의 시조가 저절로 입 밖으로 새어 나올 터이다. 이런 감흥 없이 어찌 봄 꽃구경을 제대로 했다고 말할 수 있으리.

구름 한 점 끼지 않은 보름달 아래서 배꽃을 바라보면, 달빛이 그대로 하얀 배꽃 위에 내려앉아 산산이 부서지면서 등짝에 서늘한 기운이 느껴질 정도로 티 없는 맑음이 심장을 잠시 멎게 할 것이다. 만물이 깊이 잠든 괴괴한 시간, 아무에게도 방해받지 않을수록 그 감흥은 깊어지리라.

문제는 배꽃의 만개와 보름달 뜨는 시기가 겹쳐지기 쉽지 않다는 점이다. 대략 오륙 년 만에 한 번 어쩌다 겹쳐지는데, 잔뜩 구름이 끼거나 비라도 내리면 결국 허사로 끝나 버리고 만다.

연분홍빛 무릉도원, 북쪽 언덕에 만개한 복숭아꽃.

순백의 꽃에 은은한 향이 감도는 사과나무

복숭아꽃과 배꽃이 오만 간장을 뒤흔들어 놓은 그 혼미함이 가실 만하면, 이어서 사과꽃이 피어난다. 분홍을 띤 꽃봉오리가 가슴을 두근거리게 한다. 꽃이 하나둘 피어나면서 서서히 분홍 기가 가시고 흰색을 띠기 시작하면, 마치 청매화나 배꽃처럼 티 없이 깨끗한 청아함을 선사한다.

사과나무를 정원수로 심어 가지치기하지 않고 제멋대로 자라도록 놔두면, 늘어진 가지가지마다 꽃들이 가득 맺히고, 달빛 아래 산산이 부서지는 순백의 사과꽃에 은은한 향기가 감돌면, 인생의 호사를 누린다는 표현이 바로 이를 가리킴을 알게 된다. 여유만 있다면 정원에 꼭 사과나무 한두 그루쯤 심기를 추천한다.

사과 주산지를 지날 때마다 수령이 오래된 사과나무가 새로운 품종으로 교체되기 위해 싹둑싹둑 잘려 나가는 광경을 목격하면 어찌나 안타까운지 모른다. 그곳 지자체에서는 굳이 다른 조경수에 눈 돌릴 이유가 없다. 오래된 사과나무 과수원을 그대로 살려내기만 하면 가장 경쟁력 있고 독특한 정원이자 공원이 될 것이다.

몇십 년 전에는 국광이나 홍옥이 사과나무의 주종을 이루었는데, 새로운 품종과 관리하기 편한 왜성(矮性) 대목(臺木)이 보급되면서 아름드리로 자랐던 사과나무들이 지금은 거의 사라져 가는 현실이다. 오래된 사과나무 숲으로 형성된 정원을 만든다면, 높은 소득을 보장하는 사과 생산 못지않게 부가가치 높은, 미래형 사과 정원이 될 것이다.

제주도의 밀감 농원도 마찬가지다. 소득이 더 나은 품종으로 교체하거나 다른 작물로 전환하기 위해 수십 년 자란 밀감나무를 베어내고 있는데, 밀감 농원이 아니라 밀감 정원으로 인식을 바꾸기만 하면, 이 또한 부가가치 높은 미래형 밀감 정원이 될 것이다. 더군다나 지금 제주도는 해외 관광객이 밀려드는 유명한 관광지가 되고 있으니, 노오란 밀감들이 가지가 휘어지게 매달린 거목의 밀감 정원은 분명 특화된 명소가 될 것이다.

각 지역마다 특색있는 주산지별로 발길 닿는 곳마다 사과 정원, 밀감 정원, 감나무 정원, 배나무 정원, 산수유 정원, 매화 정원 등이 모두 가능하다.

꽃이 지고 점점 사과 열매가 굵어지면서, 가지가 찢어지도록 늘어지는 광경을 보는 재미도 쏠쏠하고, 병충해에 걸려 썩어 가다가 떨어져서 결국은 몇 알 남지 않아 겨우 맛이나 볼 정도밖에 되지 않더라도, 나무 아래 풀 속에 수북이 떨어져 썩어 가는 사과들도 놓칠 수 없는 아름다움이니, 어찌 정원에 사과나무를 심지 않을 수 있겠는가.

몇 개 남지 않은 사과가 붉은 기를 띠며 익어 가면, 채 맛이 들기도 전에 물까치, 어치, 직박구리 같은 새들이 날아들어 이 사과 조금, 저 사과 조금 찍어 대니, 이때부터 사과를 놓고 아내와 새들 간에 한바탕 신경전이 벌어진다.

티 없이 맑은 청아함, 화실 뒷편에 만발한 사과나무꽃.

풍성한 꽃이불, 등꽃

사월의 달력을 넘기면 오월은 등꽃이 장식한다.

등꽃은 보라색과 흰색 두 종류가 있는데, 보라색 등꽃은 보라색대로 흰색 등꽃은 흰색대로 제각기 운치가 있어 취향따라 심으면 된다.

등나무는 번식이 아주 쉬워, 봄에 싹이 트기 전에 한 뼘 정도의 길이로 잘라 심을 자리에 삽목(揷木)해 놓으면 곧 뿌리를 내린다. 등나무 줄기가 땅 위로 자라 나가면 마디마다 뿌리가 내리므로 이것을 파다 심어도 좋다. 습기가 충분하고 거름기가 많은 비옥한 토양에서는 성장이 어찌나 빠르고 왕성한지, 미리 충분한 공간이 확보되는 곳에 심어야 한다. 등나무는 가급적 넓은 덕을 설치해 덩굴이 제약을 받지 않고 뻗어 나가도록 해 주어야 꽃이 피었을 때 물결을 이루는 듯한 풍성함을 감상할 수 있다.

대부분이 한정된 좁은 공간에 덕을 설치하다 보니 등나무의 특성을 제대로 살려내지 못하여, 널따란 꽃이불을 덮는 것 같은 풍성한 등꽃의 정취를 느끼지 못하는 경우가 허다하다. 주차장에, 그것도 대형 주차장에 등나무를 심고 덕을 설치하면, 봄에는 온통 하늘이 등꽃으로 꽉 들어찬 감동을 주는가 하면, 한여름에는 뜨거운 햇볕을 차단시켜 주고, 낙엽이 진 겨울에는 구불구불 제멋대로 뻗어나가 서로 뒤엉킨 줄기들의 배열이 색다른 운치를 준다.

도로변 언덕 절개지(切開地)에 등나무를 심어 기어오르도록 하기도 하는데, 이것은 주변의 나무들을 감고 타 올라 나무를 고사시키기 때문에 바람직하지 못하다.

덩굴식물들 중에서 마삭줄이나 담쟁이, 송악, 능소화 등은 나무를 타고 오르되 나무를 죽이지 않고 함께 살아가는 반면, 등나무나 칡덩굴은 수세(樹勢)가 너무 강하고 나무를 감고 타고 올라 수관(樹冠) 전체를 덮어 버려 결국은 나무를 죽게 만들기 때문에, 나무 가까이에 심는 것을 피하고 공간이 충분히 확보된 공터에 단독으로 심어 주는 것이 요령이다.

오월 등꽃이 만발하면 그 풍만함이 다른 꽃들에 비해 단연 압도적이고, 여기에 그윽하고 진한 향기까지 더해져, 대형 등나무 덕 아래 들어서면 마치 꽃지붕 속에 파묻힌 듯한 착각 속에 빠져들게 된다. 또한 오직 등꽃이 필 때만 찾아오는 엄지손톱만 한 크기의 호박벌을 볼 수 있는데, 등꽃이 주는 또 다른 보너스다.

죽설헌에서는 당초 마당 가에 심었는데, 해가 지나감에 따라 마당을 다 덮고 주변 나무는 물론 지붕까지 덮으며 계속 뻗어 나가는 줄기들을 잘라 주다 지쳐, 지금의 주차장으로 옮겨서 아예 녹이 슬지 않도록 아연도금한 에이치빔으로 덕을 설치해, 단순히 등나무 덕으로서의 기능만이 아니라 나무를 이용한 새로운 조형물의 개념으로 시도한, 죽설헌의 유일한 조형작품이 되었다.

그윽한 향기와 풍성함으로 꽃지붕을 이룬, 주차장의 등나무.

화사함과 풍성함으로 오월을 장식하는 철쭉

죽설헌 마당 가에 오월 철쭉꽃이 만발하면 집 주변이 제법 화사해진다. 고등학교 시절 삽목해 심었던 게 사십여 년이 되어 제법 풍성한 철쭉으로 자랐다.

　가정 형편이 어려워 인근 대도시인 광주로 갈 처지도 안 되었지만, 스스로도 좋아서 지역에 있는 호남원예고등학교를 선택했었다. 대부분의 교과목이 농업, 과수, 채소, 화훼였고, 배운 이론은 포장(圃場)에서 실습해 가며 배웠으니 지금의 특성화 고등학교인 셈이다. 수업 시간에 야생화나 자생 수종에 대해서는 일절 언급하지 않은 채, 팬지, 샐비어, 백합, 튤립, 장미, 백목련, 겹동백, 철쭉 등 외국에서 들여온 화초나 나무들만 주로 다루었기에, 오로지 배운 것들만이 관심의 대상이었다.

　하지만 오랫동안 나무를 기르며 조경에 관심을 갖다 보니, 삼십육 년 동안 일본의 지배를 받았던 슬픈 역사가 조경 분야에도 깊이 뿌리박혀 오늘날 전 국토에 일본식 조경이 바탕에 깔린 천편일률적인 현실이 하나하나 눈에 들어오게 되었다. 한국 정원이, 훼손하거나 인위적으로 자르지 않고 자연과 함께 어울려 그대로 자라도록 가만히 놔두는 것이라면, 일본 정원은 자연을 최대한으로 축소시켜 집 안에 우주를 끌어들이는 것이고, 그래서 나무를 인위적으로 자르고 축소시켜 수형(樹形)을 만들어 가기 때문에 분재도 함께 발달한 것이다. 쉽게 얘기해서, 나무를 자르고 인위적으로 수형을 만드는 모든 행위는 죄다 일본식 정원의 영향을 받은 것이라고 보면 크게 틀리지 않을 것이다.

전국에 이미 조성되었거나 조성되고 있는 정원은 물론이고 초등학교에서 대학교에 이르기까지 거의 대부분의 학교 정원도 일본식 정원의 영향을 짙게 받은 것들이다. 이런 실정이다 보니, 어린 학생들은 학교 다니며 '정원은 저렇게 나무를 자르고 다듬어야 한다'는 생각이 자신도 모르게 자연스레 주입되어 버린 것이다. 이렇듯 피부로 접하면서 성장하고, 학교에서 또는 외국 유학에서 서구식 내지 일본식 정원을 주로 접하고, 그것을 토대로 오늘도 그렇게 가르치면서 한국 조경의 주도적 역할을 담당해 가는 실정이 반복되고 있다. 나도 고등학교 시절 우리 산야에 지천으로 자생하던 진달래나 산철쭉들은 눈에 들어오지도 않았고, 있는지 없는지 도무지 관심 밖이었다. 다만 일본에서 개량되어 들어온 기리시마, 히노데, 아카보시 등 원색적으로 울긋불긋한 철쭉들만을 귀한 것으로 배웠던 결과가, 지금 죽설헌 마당 가에도 곳곳에 배어 있는 것이다.

그렇다고 잘못 조성되어 심어진 나무를 무작정 뽑아내고 우리 자생 수종으로 교체하자는 데에는 생각을 달리한다. 큰 나무들이 절대적으로 부족한 우리에게 보다 중요한 것은, 이미 잘 자라고 있는 나무들은 가급적 그대로 두고 새로 조성할 때 염두에 두자는 것이다. 학교나 관공서, 공원 등 모든 정원에 잘 다듬어진 나무들은, 더 이상 손대지 말고 그대로만 놔두어도 몇 년 지나면 제멋대로 자라나서 인공미가 사라지고 나무 고유의 특성을 띠게 되기 때문이다.

전국의 산속에 자생하고 있는 진달래꽃은 수줍은 색시처럼 크게 드러

화사함으로 오월을 수놓는, 앞마당에 활짝 핀 철쭉.

나지 않으며, 그 소박한 자태는 한없이 여려 보이고, 그 꽃을 따서 화전(花煎)을 부쳐 먹는 재미는 그저 음식을 먹는 것이 아니라 자연을 흡수하는 감동을 불러일으킨다. 진달래꽃이 만발할 때는 바쁜 일상의 시간을 잠시 접어 놓고 화전의 호사를 누려 봄이 어떨까.

또한 산철쭉들은 얼마나 아름다운가. 남도만 해도 한라산, 지리산, 백운산 등에 많은 산철쭉들이 자생하고 있다. 특히 광양 백운산에는 백 년 이상 된 것들이 산재해 있어, '세상에, 철쭉이 배롱나무처럼 용트림되어 그 자태가 대단하구나' '산철쭉도 수형이 저렇게 아름다울 수가 있구나' 하고 생각하게 한다.

제주도를 비롯한 남해안으로는 키 작은 사철 관목인 돈나무들이 자생하고 있는데, 두껍고 짙은 녹색의 잎과 흰색의 꽃, 달콤하고 진한 향기, 그리고 빨간 열매는 그 자태가 매우 아름다워, 경상도와 전라도 등 따뜻한 남부 지방에는 일본산 철쭉을 대신해 심는 것이 바람직하다. 전국에 심어진 철쭉 거의 대부분이 일본에서 개량되어 들어온 것들로, 너무나 획일적이고 무비판적으로 전 국토를 뒤덮어 가기 때문이다.

섬 아낙네의 뒷모습, 해당화

"해당화 피고 지는 섬마을에…." 먼지 앉은 오래된 스피커에서 이미자의 「섬마을 선생님」이 구성지게 흘러나온다. 해당화는 아득한 옛 추억 속으로 빠져들게 하는 친숙한 꽃이다.

섬마을은 소박하고 구수하며 때 묻지 않은 순박한 이미지가 깔려 있는데, 해당화 역시 섬 처녀나 시골 아낙처럼 화려하지 않으면서 순수하고 소박한, 어딘가 부끄러움이 감추어진 모습이다.

해당화는 주로 해변 지역에 분포되어 있는데, 그것은 모래가 많아 물이 잘 빠지면서도 충분한 수분을 지니고 있으며 햇볕이 잘 드는 곳을 좋아한다는 얘기다. 그러므로 굳이 해변이 아니더라도 물이 잘 빠지고 햇볕이 잘 드는 곳이면 잘 자라며, 뿌리줄기를 통해 주변으로 퍼져 가기 때문에 새끼 쳐 나온 뿌리를 봄에 싹 트기 전에 떼어다 심으면 된다.

풍성하게 피어나는 분홍색, 하얀색의 해당화는 개화 기간이 매우 길어서 오월부터 시작하여 여름 내내 드문드문 피고 진다. 꽃이 지고 나면 구슬만 한 크기의 열매가 햇볕을 많이 받는 쪽부터 빨갛게 물들어 가기 시작하는데, 호박 보석처럼 가지 끝마다 매달려 잔잔한 매력을 뿜어낸다.

낙엽 진 앙상한 가지에 달려 있는 붉은색 열매에 흰 눈이라도 내려앉으면, 찔레 열매나 홍시와 더불어 겨울 정원에 한껏 운치를 더해 준다.

때 묻지 않은 순박함을 간직한, 연못가에 핀 흰색 해당화.

호박 보석 같은 잔잔한 매력, 기왓담 산책로의 열매 맺은 해당화.

게다가 각종 겨울새들의 먹이가 되기도 하니, 수시로 이름 모를 새들이
들락거리는 모습을 바라보는 재미를 어찌 말로 할 수 있으랴.

풍성하고 화려한 작약

작약은 뿌리가 한약재로 쓰여 한때는 값비싼 약초로 많이 재배되었는데, 지금은 저렴한 중국산에 밀려 흔히 볼 수 있었던 넓은 곳에 작약꽃 가득 피어 있는 광경을 이제는 보기 힘드니 아쉬울 따름이다.

작약은 햇볕이 잘 들고 물이 잘 빠지는 비옥한 토양에 심으면 잘 자란다. 작약, 모란, 참나리, 수선화, 상사화, 백합 등은 서리 맞아 낙엽이 지고 난 후인 십일월경에 심어야 이듬해 봄에 튼실한 싹이 올라오지, 이미 싹이 올라오고 있는 봄에는 옮겨 심으면 좋지 않다. 작약도 무리 지어 심어야 풍성함도 있고 풀들과의 경쟁에서도 유리하여 관리해 주기가 수월하다. 풀이 무성히 자라는 장마철, 작약의 키를 넘는 풀들만 대충 대충 뽑아 주면 되고, 매년 그 자리에서 점점 포기가 벌어져 자라는 숙근류(宿根類)이기 때문에 한 번 심어 놓으면 해마다 풍성한 작약꽃을 관상할 수 있다.

봄이면 낙엽 사이로 붉은 기를 띤 튼실하고 탐스러운 새순이 올라오는 모습을 들여다보면서 봄이 오고 있음을 느껴 보는 재미도 쏠쏠하고, 오월이 깊어 가면서는 풍성하게 피어나는 작약꽃 무리들로 정원 한편이 넉넉해진다.

작약과 매우 흡사한 꽃으로 모란[牡丹]이 있는데, 역시 뿌리가 한약재로 쓰이고 재배 환경도 작약과 똑같은데, 작약은 숙근류로 매년 뿌리에

탐스러운 화사함, 화실 북쪽 창 아래 핀 작약.

서 새순이 올라와 꽃이 피는 데 반해, 모란은 낙엽관목으로 매년 더디게 자라는 가지에서 싹이 움터 나와 꽃이 핀다. 모란꽃은 품격있고 세련돼 보여 작약과는 또 다른 매력을 안겨 주므로, 여유만 있다면 함께 심어 작약꽃과 모란꽃 가득한 정원을 조성하면 말 그대로 금상첨화다.

습지의 여왕, 노랑꽃창포

노랑꽃창포는 긴 난초 잎처럼 일 미터가 넘게 쭉쭉 뻗어 오른 잎 사이로 꽃대가 올라와 차례로 꽃을 피워 가기 시작해, 오월 한 달 내내 꽃을 볼 수 있는 기쁨을 안겨 준다.

습지에서 잘 자라지만 물속에 약간 잠기면 더 왕성하게 자라기 때문에, 물가에 심었을 때 진가를 제대로 발휘한다. 봄에 물속에 잠긴 노랑꽃창포의 잎이 진한 녹색으로 강건하게 뻗어 오르는 모습은 오직 노랑꽃창포를 심었을 경우에만 관상할 수 있는 특별한 풍경으로, 여유만 있다면 습지에 연못을 만들어야 보다 다양하고 풍성한 정원을 감상할 수 있다.

노랑꽃창포 역시 한두 포기보다는 습지 넓은 면적에 집단으로 심었을 때 가슴 뛰는 설렘을 안겨 줄 수 있고, 보는 기쁨이 더 커진다.

습한 곳에서 잘 자라고 병충해가 없으며 생명력도 매우 강해, 논두렁이나 하천, 저수지, 우물가 옆 시궁창 등 햇볕이 잘 드는 곳이면 어디서고 잘 자라, 예전에는 흔하게 볼 수 있었다. 다만 우리 주변에 너무 흔해서 거들떠보지도 않았고 화초로도 취급하지 않던 천덕꾸러기였던 것이다.

나는 습지 생태 조경에 버드나무와 노랑꽃창포를 최선의 대안으로 생각해, 죽설헌 주변 습지에 인공 연못을 만들어 왕버들과 노랑꽃창포만

제일 처음 만든 연못에 활짝 핀 노랑꽃창포.

노랑꽃창포가 꽉 들어찬 세번째 연못.

을 심어 습지 생태 조경의 새로운 대안으로 제시해 보고 있다. 물가에 심으면 잘 발달한 무수히 많은 잔뿌리들로 인하여 물 정화능력이 매우 탁월할 뿐 아니라, 각종 물고기들의 쉼터, 은신처, 산란처가 되고, 물오리, 물총새, 뜸부기, 원앙, 왜가리 등 온갖 새들의 놀이터가 되며, 개구리, 잠자리, 거미 등도 모여들어, 그야말로 살아 있는 자연 생태계가 된다. 또한 포기도 잘 번시는데, 각 포기들이 한 덩어리로 연결되면 응집력이 대단해져 둑을 강하게 지지해 주기도 한다. 수로나 저수지 둑에 인위적으로 석축(石築)을 쌓거나 시멘트 콘크리트 옹벽을 치곤 하는데, 그 대안으로 버드나무와 노랑꽃창포 심기를 강력히 추천한다. 최고의 습지 생태 숲이 되리라.

병충해가 없고 생육이 강해 다른 잡초들과의 경쟁력에서도 매우 뛰어나 가꾸기 쉬우며, 쭉쭉 뻗은 녹색의 잎들은 시각적으로 시원함을 안겨주고, 무엇보다도 오월 한 달 내내 꽃을 감상할 수 있다. 게다가 이른 봄부터 늦가을 서리 내릴 때까지 시원한 녹색 잎 관상은 물론, 서리 맞아 꺾인 덤불 사이로 물오리 노니는 모습도 빼놓을 수 없는 겨울 풍경이다.

들판의 부케, 찔레꽃

"찔레꽃 향기는 너무 슬퍼요!"

애절하고 간장이 끊어질 듯한 장사익의 노래가 떠오르는 찔레꽃. 오월은 산야의 발길 닿는 곳곳마다 지천으로 널린 찔레꽃과 그 향기로 감미로운 달이다. 인권운동가이며 안과의사인 윤장현 님은 군데군데 무리 지어 피어 있는 찔레꽃 무더기를 한 다발의 부케라 했다. 하얀 찔레꽃들이 가지가 늘어지게 피어나 한 무더기씩 자리잡은 풍광이, 멀리서 바라보면 영락없이 자연 속에 피어난 한 다발 부케다.

부드럽고 감미로운 꽃향기가 흐르고 수수하고 소박해 보이는 하얀 꽃의 모습에 나는 반한 지 오래다. 고등학교 시절엔 장미를 접붙이기 위한 대목용(臺木用)으로 쓰기 위해 찔레 열매를 따다가 묘목을 생산했었다. 그 당시 찔레꽃은 전혀 관심의 대상이 아니었고, 오로지 현란한 색깔과 탐스러운 꽃송이를 피우는, 외국에서 개량되어 들여온 값비싼 장미꽃만을 좋았었다.

우리는 우리 것을 너무 몰랐다. "등잔 밑이 어둡다" "동네 점쟁이보다는 먼 데 점쟁이가 더 용하다"는 우리네 속담이 말해 주듯, 가장 가까이에, 가장 흔하게 있는 것에 우리는 관심 갖지 않고 오히려 무시하는 경향이 짙었다. 흔하다는 것은 그 지역 환경에 적합하여 살아남은 가장 우수한 개체라는 얘기인데도 말이다.

죽설헌 들어가는 뚝방에 핀 조선의 장미, 찔레꽃.

유명 식물원이나 장미원에 가 보면, 우리나라의 대표 장미라 할 수 있는 찔레꽃은 보이질 않고 온통 경쟁적으로 외국에서 들여온 장미들뿐이다. 가격이 비싼 희귀종일수록 로열석에 자리잡고 있으며, 관리인이나 해설사의 현란한 설명이 따라붙는다. 이것은 비단 찔레와 장미에만 국한된 문제가 아니라, 우리나라 대부분의 야생화나 정원 수종의 현주소라 하겠다. 지금은 우리 수종에 대한 관심이 크게 확대되고 있는 추세여서 그나마 다행이다.

가을이 되면 팥알만 한 크기의 빨간 찔레 열매들이 가지 끝마다 송이송이 매달려 한겨울 내내 눈보라 속에서도 쉬이 떨어지지 않고 매혹적인 모습을 간직해내고 있다. 이 붉은 찔레 열매들은 겨울 동안 온갖 새들의 유일하고 귀한 먹잇감이 되어 주고 있는데, 유독 꿩들이 좋아한다. 어렸을 때 '싸이나'라고 하는 독극물을 양잿물이나 빨래비누 파는 재래시장 좌판대에서 손쉽게 구입할 수 있었는데, 찔레 열매 속의 종자를 파내고 그 속에 '싸이나'를 집어넣어 꿩을 유인해 잡곤 했다.

찔레는 장점이 유난히 많은 수종이다. 씨를 뿌리면 발아가 잘돼 번식이 쉽고, 열악한 환경에서도 잘 자라며, 소박하고 수수해 보이는 하얀 꽃이며, 감미로운 진한 꽃향기, 매혹적인 빨간 열매는 그 자체로 아름다움의 덩어리이다. 욕심부려 한 가지 꺾어다 화병에 턱 꽂아 놓아도 그만이다.

숨어 있는 보석, 꽃창포

노랑꽃창포가 질 때쯤이면 이어서 보라색 꽃창포가 피어난다. 그 색깔이 매우 매혹적이라 많은 이들에게 각별한 사랑을 받지만, 노랑꽃창포보다는 생육이 약해 다른 풀들과의 경쟁에서 밀리며 포기 응집력도 약하다.

꽃창포도 습기를 좋아하지만 물속에서는 자랄 수가 없어, 물가 쪽으로는 노랑꽃창포를 심고, 꽃창포는 수분이 충분한 습지에 군집되도록 심는 것이 요령이다.

꽃창포는 넓은 면적에 군집되게 심었을 때 그 감흥이 배가될 터이고, 깊게 가라앉은 톤의 보랏빛 꽃창포는 마치 백목련과 자목련이 전혀 다른 감흥을 안겨 주듯 노랑꽃창포와는 또 다른 매력으로 보는 사람을 은근히 사로잡는다.

그윽한 보랏빛 매력, 네번째 연못 앞 습지에 무리를 이룬 꽃창포.

여름, 초록의 향연

수생식물의 보고, 연못

죽설헌 서쪽, 낮은 지대의 논들을 매입해 저습지 생태 정원을 만들어 간다. 진흙 논이라 포클레인으로 흙을 파내면 그대로 물이 고여, 일부러 콘크리트 옹벽 처리를 하지 않아도 되는 자연스러운 생태 연못이 형성된다. 경계 바깥쪽으로는 왕버들을 심고, 북쪽 한편으로는 중심을 잡아 포플러(서양 버들) 군락을 조성했다.

주위의 논을 사들여 하나둘 연못을 만들다 보니 지금까지 여섯 개의 독립된 연못이 만들어졌고, 마당 가의 작은 연못까지 모두 일곱 개가 만들어진 셈이다. 연못 주변을 죄다 노랑꽃창포만으로 심어 놓았으니, 오월이 되어 꽃이 피기 시작하면 연못 전체가 노랑으로 물들고, 물속에 비치는 꽃까지 어우러져 노오란 물감을 부어 놓은 듯 꽤나 풍성하고 특색 있는 공간으로 연출된다.

제일 처음 만든 연못에는 흰색과 미색 수련(水蓮)을 심었더니 여름부터 가을까지 끊이지 않고 피고 진다. 몇 년 전에 영산강 하구 습지에서 자라연을 구해다 연못에 띄워 놓았는데, 자라연의 꽃은 매화꽃 형태이지만 훨씬 작은 크기의 하얀 꽃들이 피어나 또 다른 즐거움을 안겨 준다.

두번째로 만든 연못은 동서로 길쭉한 형태로, 동쪽에는 홍련(紅蓮)을, 서쪽에는 백련(白蓮)을 심어 홍련꽃과 백련꽃을 함께 관상할 수 있도록

백련이 가득 들어찬 두번째 연못.

했다. 여기서 따낸 연잎으로 아내는 매년 연밥을 만들어 냉동 보관해 두었다가, 귀한 손님이 오시거나 바쁜 시간에 간단히 식사를 해야 될 경우에 요긴하게 쓰곤 한다.

오래전 불쑥 찾아오신 법정(法頂) 스님께서도 연밥과 얼린 홍시를 드시며 여간 좋아해 하시지 않았다. 책꽂이에 꽂혀 있던 법정 스님 책 모두 한 권 한 권 서명해 주시고 미처 구입하지 못한 책들은 한 상자 챙겨 보내 주셨는데, 안타깝게도 삼 년 후에 입적하셨다.

세번째 연못에는, 기운이 강한 흰색 수련은 빼고 미색 수련만 몇 포기 심어 놓으니, 군데군데 여유있게 수련 잎이 물 위에 떠 있고 미색 수련 꽃이 피어 다른 물풀들과 자연스럽게 어울린다.

네번째로 만든 연못은 중앙에 섬을 만들어 왕버들 한 그루를 심었다. 보통 연못의 중앙 섬에는 배롱나무나 소나무를 심는데, 나는 습지에 가장 적합한 수종인 왕버들을 선택했다. 연못 속에는 일부러 아무것도 심지 않으니, 물풀, 방동사니, 모람, 부들 등이 어느 결에 자리잡아 매우 자연스러운 연못이 되었고, 산책길과도 떨어져 있어 물오리를 비롯한 각종 철새들이 가장 많이 드나들며 머무르는 공간이 되었다. 행여라도 물오리들이 날아갈까 봐 먼발치에서 나뭇가지들 사이로 언뜻언뜻 훔쳐보려고 뒤쪽 산책길을 시간 날 때마다 거니는 재미가 쏠쏠하다.

다섯번째와 여섯번째 연못도 네번째 연못과 같이 중앙에 섬을 만들어 왕버들 한 그루를 심고, 주변으로는 죄다 노랑꽃창포와 왕버들을 심어 군락을 이루게 하고, 연못에는 노랑어리연을 심었다.

여섯 개의 연못 주변으로 왕버들과 노랑꽃창포가 꽉 들어차니, 짝 잃은 왜가리 한 마리는 아예 이곳에 눌러앉아 버렸고, 물총새, 원앙, 뜸부기, 물오리 들이 수시로 날아들곤 하는데, 겨울에는 아예 수십 마리의 물오리들이 전세라도 낸 듯 머문다.

성목(成木)이 되어 벌써 한 아름이 되어 가는 왕버들 숲에는 비둘기, 직박구리, 소쩍새, 물까치, 왜가리 들이 날아들고, 연못 속에는 가물치, 메기, 붕어, 빠가사리, 미꾸라지 등 토종 물고기들을 풀어놓은 지 오래되어, 지금쯤 얼마나 큰 고기들이 들어 있는지 궁금하다. 여기에다 어느 결에 들어왔는지 황소개구리들까지 가세해, 그야말로 연못 속은 먹이사슬의 긴장감이 팽팽하다. 자연은 참으로 오묘하다.

뱀까지 잡아먹는다는 왕성한 식욕의 황소개구리와 육식성 물고기인 가물치와 메기도 여러 마리 넣었으니, 언뜻 생각하면 작은 물고기들은 아예 없어졌어야 할 터인데, 날 좋은 날 가만가만 연못에 가 보면 웬걸, 무수히 많은 새끼 물고기들이 떼로 몰려 다니는 것을 목격하면서, 자연 생태계는 가만 놔두면 저희들이 알아서 스스로 조정해 가는구나 하고 느끼게 된다.

북쪽 한편에 군락을 이루게 한 포플러는 한때 가로수로 많이 심었는데 지금은 찾아보기 매우 힘든 수종이 되어 버렸다. 빗자루처럼 직립으로 쭉 뻗어 올라간 수형(樹形)은 시골 농촌을 연상케 하는 향수를 불러일으키지만, 무엇보다도 무더운 한여름에 포플러 잎들이 미풍에 경쾌하게 사각거리며 나부끼는 소리는, 눈으로 보는 조경에서 코로 향기 맡는 조경을 거쳐 귀로 듣는 조경에 이르는, 또 다른 차원의 경지다. 포플러 잎의 찰랑거리는 소리를 들으며 포플러 그늘 아래를 걷다 보면, 어느새 더위는 물러가고 머리가 맑아지며 가슴속까지 시원해지곤 한다.

집 앞 마당가의 자그만 연못은 집 지을 때 만들었으니 삼십 년이 넘

갖가지 수생식물과 철새들의 천국, 미색 수련이 핀 네번째 연못.

은, 죽설헌에서 가장 오래된 연못이다. 물이 고이지 않는 황토 땅이라 유일하게 옹벽을 치고 바닥은 콘크리트로 처리하여 삼십 센티미터 정도 흙을 채워 넣어 연과 수련을 심고 토종 물고기들을 넣었는데, 지금은 노랑어리연, 개연, 물수세미 들이 들어오고, 붕어, 메기, 개구리, 우렁을 비롯해 황소개구리까지 가세한 상태다.

계곡의 맑은 물소리와 물 흐르는 광경을 무척 동경해, 인위석으로 연못의 물을 끌어 올려 대밭 속에서 화실과 거실의 동쪽 창 쪽으로 물이 흐르도록 왕대를 쪼개 물길을 만들어 놓고는, 느긋하게 바라보며 차 마시는 호사를 누린다.

자연 카펫, 질경이

죽설헌을 둘러보고 돌아가면서 "나는 줘도 못 살겠다"고 푸념하는 이들이 종종 있다. 잘 가꾸어진 정원을 보고 즐기는 건 좋지만, 관리하는 노동력을 감당할 수 없고 또 굳이 하기도 싫다는 속내가 깔려 있을 것이다. 그럴 만도 하다.

시골 생활을 동경해 전원주택을 짓고 들어가기는 했으나, 얼마 되지 않는 작은 면적일지라도 종일 텃밭 가꾸고, 잔디밭 관리하고, 정원에 자라는 잡풀 뽑다 보면, 차분히 쉬고 즐기려고 내려갔다가 웬걸, 된통 고된 노동으로 파김치가 돼 버리는 일이 반복되기 마련이다. 처음 얼마 동안은 전원생활을 한다는 마음에 들떠 온 정열을 쏟다가 결국은 지쳐 두 손 들어 버린 경험, 아마도 직접 경험했거나 귀동냥으로, 어깨 너머로 한 번쯤 들어 봤을 터이다.

그러나 나는 예상보다 훨씬 적은 노동력과 시간으로 꽤나 넓은 정원을 거뜬히 가꾸어 가고 있는데, 비결은 의외로 간단하다. 원예고등학교 다니며 농업의 기초를 폭넓게 배우고 익혀 식물의 특성을 잘 알고 있기도 하지만, 그보다도 가끔씩 정원에서 일할 때는 일이 아니라 푸른 잔디 위를 걸으며 산책하는 것처럼 즐기려는 마음으로 임하며, 특히 각종 정원수들을 가급적 자연 상태 그대로 자라도록 인위적 손질은 최소한으로 줄이는 데 있다.

자연이 선사한 푸른 양탄자, 질경이 산책로.

자연은 사람이 손대지 않고 가만 놔두면 순리에 따라 스스로 조정되고 생태 순환이 이루어진다. 다만 지나치게 자라는 키 큰 풀들을 예초기로 가끔씩 베어 주는 게 가장 큰일일 뿐이다.

산책길은 아침 이슬이나 빗물에 젖은 풀잎으로 신발이 젖을 수 있으므로 좀 더 자주 예초 작업을 해 주는데, 어느 때부터인가 질경이가 그 늘진 길을 따라 하나둘씩 번져 가더니 지금은 대부분의 산책길을 차지해 버리고 말았다. 마치 죽설헌 숲이 우거지니 새들이 모여드는 것처럼, 전혀 예상치 못한, 자연의 또 다른 이치를 깨닫게 된 일종의 사건이었다.

지금은 죽설헌에서 가장 좋아하는 공간이 되었는데, 소리 없이 들어와 눌러앉아 버린 질경이들 덕분에, 가장 사랑스럽고 독특한 자연 생태 길이 저절로 만들어진 것이다. 햇볕이 잘 드는 산책길에는 이제 또 토끼풀(클로버)이 서서히 번져 가고 있어서, 여성 방문객들은 산책 하다가 네 잎 클로버 찾느라 바쁘다.

질경이나 토끼풀이 깔린 이 산책길을 나중에는 또 어떤 키 작은 풀들이 점령해 갈지….

이슬 젖은 입술, 앵두

오죽했으면 '앵두 같은 입술'이라 했을까.

초여름에 유리알같이 반짝이는 빨간 앵두가 익어 가면 나도 모르게 입에 침이 고이며 절로 손이 간다.

봄에 싸리꽃 같은 작은 하얀 꽃들이 가지 아래에서부터 끝까지 빼놓은 데 없이 가득 들어차 만개하면, 멀리서 봐도 앵두나무 근방이 훤하다. 달빛 아래서는 말할 것도 없다.

꽃이 지는가 싶으면 온통 가지마다 다닥다닥 달린 앵두가 커 가면서 빨갛게 물들기 시작하는데, '물 반 고기 반'이란 말처럼 '잎 반 앵두 반'이다. 처음에는 한 알씩 따 입에 넣다가, 입맛이 돌기 시작하면 아예 가지째 훑어 한 움큼씩 '볼테기 찜하기'는 어린이나 어른이나 똑같다. 새들도 어찌나 좋아하는지 모른다. 앵두가 빨갛게 익기 시작하면, 아니 채 익기도 전에 어찌 그리 귀신같이 알고 덤벼드는지, 멧새, 직박구리, 어치 같은 놈들이 분주히 가지 사이를 넘나든다. 어떤 때는 떼로 몰려와 아예 타작을 해 버리니, 미우면서도 이쁜 것들이다.

그다지 크게 자라지 않는 관목이니, 물이 잘 빠지고 햇볕이 잘 드는 정원 한편에 꼭 한두 그루는 심어야 할 유실수로 앵두나무와 왕보리수 나무를 빼놓을 수가 없다. 꽃도 보고 열매도 따고 새까지 불러들이니, '일석삼조'이지 않은가.

투명하게 반짝이는 붉은 유리알, 기왓담 산책로의 앵두.

별 모양의 꽃에 앵두 같은 열매, 포리똥

'포리똥'이라 불리는 왕보리수나무는 앵두나무와 함께 정원에 꼭 심어야 할 유실수 중 하나다. 앵두나무처럼 크게 자라지 않는 낙엽관목으로, 가지 가득 빨간 열매가 달리는 것도 앵두와 비슷하다. 꽃을 보고, 붉은 열매를 감상하고, 그 열매를 따 먹고, 또 새들을 불러들이고….

별 모양의 작은 미색 꽃들이 가지마다 빼곡히 피어나는데, 화려하지는 않지만 가만히 요리조리 들여다보노라면 세상의 모든 꽃들이 하나같이 저마다의 아름다움을 지니고 있음을 새삼 느끼게 된다. 꽃이 피는 대로 열매가 달리는 편이고, 열매가 커 가면 무게를 못 이겨 가지들이 축 늘어지는데, 늘어진 가지마다 빨간 열매들이 치렁치렁 매달리면 저절로 입에 침이 고이지만 앵두와는 달리 떫떠름하여 먹는 재미보다는 보고 즐기는 재미가 더 좋다.

죽설헌에는 탱자나무 울타리를 타고 가지들이 넘어와 늘어져 방문한 이들이 오며 가며 한 움큼씩 따는데, 포리똥이 익어 가는 유월 초순경의 통과의례다. 손이 닿지 않은 열매는 죄다 새들의 몫이다. 사람이 가까이 다가가도 멀리 도망가지 않고, 이 가지 저 가지 넘나들며 열매 따 먹기에 어찌나 바쁜지….

새들에게 차려진 잔치상, 왕보리수나무의 열매 포리똥.

익기도 전에 떨어지는 물자두, 과육까지 검붉은 피자두

자두나무는 물이 잘 빠지고 햇볕이 잘 드는 곳에 심으면 크게 자라는 교목으로, 유실수 중에서도 심으면 결코 후회하지 않을 수종이다.

봄에 매화꽃이 지고 자두꽃이 피기 시작하면 미색의 싸래기같이 작은 꽃들이 가지마다 가득 들어차, 매화꽃이나 복숭아꽃, 배꽃 들과는 또 다른 느낌으로 정원의 풍요로움을 선사해 준다.

정원이 허락되어 조생종(早生種), 중생종(中生種), 만생종(晩生種)을 각기 심어 놓으면 유월 말부터 팔월까지 오랜 기간 자두 따 먹는 재미가 제법이다. 아내는 자두를 어찌나 좋아하는지, 자두가 채 익기도 전에 붉은빛이 돌기 시작하면 자두나무 밑으로 달려간다. 조생종 이른 자두가 유월 말이면 빨갛게 익는데, 그때 한꺼번에 죄다 익어 버려 미처 다 따 먹기도 전에 떨어지기 시작한다. 과즙이 많고 당도가 높아, 아내는 이를 물자두라고 하며 좋아한다.

지인이라도 찾아오면, 나무에 올라가 살며시 흔들기만 해도 농익은 자두가 우수수 떨어지니 환호성 지르며 야단법석들이다. 물론 자두로 배를 채워 한 끼 때우게 된다.

만생종으로 늦게 익는 붉은 자두는 과육까지 검붉은색으로 피자두라고 부른다. 잎과 줄기까지도 붉은색을 띠기 때문에 정원에 색다름을 주는 수종으로도 훌륭하다.

사십여 년의 세월을 간직한, 장독대 옆에 자리한 자두나무.

기왓담 너머로 탐스럽게 열린 자두.

단풍나무 중 외국에서 개량되어 들여온 홍단풍은, 새순 나올 때부터 붉은색을 띠어 가을 단풍이 들 때까지 노상 붉은색을 간직하는데, 피자두도 마찬가지다. 하나, 피자두는 덤으로 열매까지 수확할 수 있으니 홍단풍 심을 자리에 피자두를 심어 보라.

사실 죽설헌에서는 몇 개 맛보지 못하고 새들에게 내어 주고 있는 실정이다. 제대로 익어야 시지 않고 깊은 맛이 있는데, 익기도 전에 물까치, 감새 들이 타작해 버린다. 오죽하면 아내도 이때만큼은 총이 있으면 그냥 콱 쏘아 죽이고 싶다고 할까.

습지의 제왕, 버드나무

버드나무는 왕버들, 수양버들, 뚝버들, 용버들, 갯버들 등으로 나눌 수 있는데, 강이나 하천, 습지 등 물이 풍부한 곳이면 어디서나 자생하는, 주변에서 아주 흔하게 볼 수 있는 수종이다.

물속에 잠겨도 죽지 않고, 또 그만큼 물을 좋아하기 때문에 습지 조경에 최적의 나무다. 그 중에서도 특히 왕버들은 수령(樹齡)이 오래될수록 줄기가 거칠고 수형(樹形)이 벌어져 멀리서 보면 팽나무 같은데, 구불구불한 줄기며 제멋대로 뻗어 나간 가지들이 교묘히 교차하여 장관을 이룬다.

마을 앞 대부분의 정자나무들이 느티나무, 팽나무, 왕버들이어서 우리에게는 매우 친숙한 나무다. 수양버들은 가지가 축축 늘어져 바람에 하늘거리는 부드러움과 친근감이 묻어나는 나무라 한때는 가로수나 부분 조경수로 많이 심었는데, 어느 날 갑자기 꽃가루가 알레르기를 일으킨다고 하여 아름드리 수양버들을 자르고 뽑아낸 결과, 지금은 보기 드문 나무가 되어 버렸다.

사실 꽃가루로 인한 알레르기는 수양버들만 그런 것이 아니라, 모든 나무의 꽃가루가 사람에 따라 알레르기를 일으킬 수도 있다. 우리 국민 대다수가 가장 좋아하는 나무로 소나무를 꼽는데, 송홧가루도 사람에 따라서는 알레르기를 일으킬 수 있으며, 심지어 복숭아, 땅콩, 표고버섯

등도 알레르기 반응이 나타나는 사람이 있질 않는가.

그런데 유독 수양버들이 언론에 부각되면서 희생양이 돼 버렸다. 녹지 공간이 절대적으로 부족한 우리나라 도시에서는 단 하나의 푸르고 싱싱한 잎이라도 확보되어야 한다. 도심을 관통하는 강이나 천변, 그리고 부분 조경수로 심겨 잘 자라던 아름드리 수양버드나무들이 일시에 베어지고 뽑혀 나간 슬픈 시행착오를 저질렀는데, 문제는 시행착오인지조차도 아직 모르고 있다는 데 있다.

설사 극소수가 알레르기를 일으킨다 해도, 꽃가루(사실은 꽃가루가 아니라 종자다)가 비산(飛散)되는 기간은 대략 보름 정도다. 봄이면 물이 오른 가지에 연녹색의 새순이, 여름이면 녹색의 무성한 잎이, 가을이면 단풍이, 겨울이면 낙엽 진 가지들의 하늘거리는 자태가, 삼백육십오 일 중 삼백오십 일 동안 우리에게 무한한 아름다움과 풍요로움을 제공해 주지 않는가.

버드나무는 장점이 많은 나무다. 첫째, 습지에서 잘 자란다. 사실 습지에서 잘 자라는 나무는 흔치 않다. 낙우송(落羽松) 정도나 있을까. 강, 하천, 산, 계곡 등 습한 곳은 어디에서나 버드나무들이 자생하고 있는데, 조금만 관심 갖고 둘러보면 쉽게 발견할 수 있다. 심지어 댐을 막아 물속에 잠기게 되도 죽지 않고 잘 성장해 호수나 저수지 물가 쪽으로 아름다운 경관을 연출한다.

둘째, 성장이 빠르고 병충해와 공해에 강하다. 녹지 공간이 절대적으로 부족한, 그래서 공해가 심한 도시에서는 푸른 잎을 최대한 빨리 확보하기 위해서라도 성장이 빠른 수종을 심어야 한다. 동시에 병충해와 공해에도 강해야 하는데, 그런 수종은 드물다. 그래서 도심 내 강이나 하천 주변에는 버드나무가 최적의 수종이다.

　셋째, 번식과 재배 관리가 매우 쉽다. 봄에 싹이 트기 전에 가지를 잘라 습기가 충분한 토양에 아무렇게나 꽂아만 두어도 거의 모두가 뿌리를 잘 내린다. 그러니까 버드나무를 심을 습지라면 굳이 묘목이나 큰 나무를 심지 않고 가지만 꽂아 두어도 된다는 얘기다. 홍수가 나서 버드나무가 물속에 잠길 경우에 대비해 아래쪽 잔가지만 잘라 주면, 온갖 쓰레기들이 가지에 걸려 유속을 늦추는 것을 최소화할 수 있다. 거꾸로 꽂아도 뿌리를 내리는 유일한 나무가 버드나무다.

　넷째, 수질 정화 능력과 토양 지지력이 매우 뛰어나다. 물가에서 자라고 있는 버드나무 뿌리를 살펴보면, 물속에 솜털 같은 잔뿌리들이 빽빽이 뒤엉켜 각종 물고기들의 산란 장소, 휴식처, 은신처가 되기도 하고, 잔뿌리들이 서로 뒤엉켜 콘크리트 제방 못지않은 최고의 생태 제방이 되기도 한다. 이론적으로 강이나 하천의 제방 둑에는 절대로 나무를 심어서는 안 된다고 하지만, 실제로 버드나무 군락을 이룬 제방을 보면 굵고 잔 뿌리들이 서로 엉켜 매우 견고하게 자라고 있음을 볼 수 있다. 이런 훌륭한 자연 생태 환경 숲이 따로 없다.

　버드나무는 우리 주변에 너무 흔해 마치 동네 점쟁이 안 알아주듯 관심을 받지 못했고, 조성비가 거의 들지 않는데, 이것이 이 나무의 단점 아닌 단점이라고 할 수 있다.

　우리의 현실은, 사대 강을 정비한다며 자생하던 버드나무들을 죄다 파내 버리고, 수변 공원이니 생태공원을 조성한다며 엉뚱한 나무와 조경 시설로 꾸며 대고 있으니, 너무나도 서글플 따름이다.

　정답은 간단명료하다. 강은 사람이 다니는 길이 아니라 물이 흐르는

빼놓을 수 없는 물가의 조경수, 두번째 연못가의 왕버들과 창포.

곳이며, 일부러 심지 않았는데도 자생하는 버드나무들은 그 자연 환경에서 살아남은 최적의 수종이라는 얘기다.

자연은 가만히 놔두면 스스로 조절된다. 얄팍한 인간의 지식으로 감히 자연을 파헤치고 정복하려 들다니….

여름의 귀부인, 능소화

능소화는 무더운 여름에 주황색 꽃들이 흐드러지게 피어나 많은 이들의 사랑을 받아 왔다. 찌는 듯한 여름, 진한 붉은색의 배롱나무꽃이나 진한 주황색의 능소화가 색감만으로는 더위를 더욱 부채질할 것만 같지만 그건 기우일 뿐으로, 막상 꽃을 대해 보면 정열적인 매력에 푹 빠져들리라.

꽃이 질 때 재래종 동백꽃처럼 송이째 떨어지는데, 그 모습 또한 깔끔하고, 떨어진 꽃송이들이 땅 위에 흩어져 있는 광경도 그만이다.

한옥 마당 한편에 적벽돌로 쌓아 올린 굴뚝에 두세 줄기 타고 올라간 능소화는, 그 자체로 아름다운 조화를 이루고 있다. 타고 올라간 줄기는 기품과 힘이 넘쳐 보이지만, 수관(樹冠)은 너무 무성하지 않은 채 적당한 수의 잎들과 가지들이 늘어지고, 여기에 긴 꽃대가 늘어지며 수십 개의 치자 열매 비슷한 꽃봉오리들이 매달린다. 위에서부터 차례로 피어 내려가면 한 달 넘도록 꽃을 감상할 수 있어 풍요로우면서도 여유롭다. 콘크리트나 적벽돌 건물에 타 올라가면 깔끔하면서도 기품이 있어, 담쟁이나 송악, 마삭줄과는 또 다른 느낌으로 와 닿는다.

번식은 꺾꽂이로 할 수 있으나 쉽게 뿌리 내리는 편이 아니라 능소화 주변으로 새끼 쳐 나오는 포기를 파다 심으면 된다. 요즘은 외국에서 들여온, 훨씬 작으면서 진한 붉은색 꽃을 피우는 품종이 있는데, 이 역시도 나팔 모양으로 크게 피는 주황색 능소화에는 비할 바가 못 된다.

정열적인 매력을 지닌, 지붕 위의 능소화.

꽃이 차례로 피어 올라가는, 기왓담 산책로의 비비추.

잔잔히 흐르는 음악, 비비추

비비추는 옥잠화와 비슷해 꽃이 피기 진까지는 구별이 쉽지 않다. 옥잠화 잎은 좀 더 크고 연한 녹색이고 비비추 잎은 짙은 녹색으로, 함께 나란히 있어야 구별이 된다.

꽃은 확연히 달라 개화하면 구별이 쉬운데, 옥잠화는 뻗어 올라온 꽃대 끝에 세 개에서 다섯 개 정도의 백합 같은 하얀 통꽃이 피는 데 반해, 비비추는 가늘고 길게 뻗어 나온 꽃대의 아래쪽에서부터 꽃대 끝까지 참깨꽃 크기만 한 연한 하늘색의 통꽃들이 차례로 피어 올라가고, 한 꽃대에 열 송이에서 스무 송이의 꽃들이 피어나, 옥잠화와는 또 다른 분위기를 풍긴다. 그만큼 정원에 다양한 분위기를 연출해 준다.

여름과 가을에 피는 두 종류가 있어 두 가지를 다 갖추어 심으면 두 번에 걸쳐 비비추꽃을 감상할 수 있다.

생태적 특성은 옥잠화와 똑같아서, 환경 적응력이 뛰어나고 수세(樹勢)가 강해 풀과의 경쟁에서 단연 우위를 점하기 때문에 관리하기가 쉬우며, 반그늘에서 잘 자라니 나무를 심고 그 아래 빈터에 비비추를 심으면 정원을 입체적으로 이용하게 되어 효율성이 높아진다.

가을에 서리가 내려 잎이 사그라진 후에 서너 개의 눈을 붙여 포기나누기[分株]를 해 심으면 이듬해 곧바로 꽃을 볼 수 있다.

산야의 붉은 입술, 참나리

칠월이 깊어 가면 산야 곳곳에서 꽃 모양은 백합과 비슷하지만 붉게 피어나는 참나리꽃들을 쉽게 발견할 수 있다. 해변가 언덕 바위틈에서부터 산과 들판 곳곳에, 심지어는 하천가에서도 볼 수 있는데, 그만큼 환경 적응력이 뛰어난 구근식물(球根植物)이다.

배를 타고 남해안 해변가나 섬들을 지날 때, 어느 때든 참나리, 원추리, 구절초, 털머위 같은 야생화 한두 가지는 만날 수 있을 것이다. 벼랑 위나 바위틈에 빼꼼히 얼굴 내밀고 있는 야생화들을 보며, 어떻게 저런 열악한 환경에서도 자라나 그토록 아름다운 꽃을 피우는지, 자연의 조화에 절로 감탄하지 않을 수 없다.

우리가 주변에 흔한 우리 것에 관심 기울이지 않았을 때, 일본이나 미국, 유럽에서는 이미 오래전에 우리의 토종 야생화들을 확보해 우수한 유전인자들을 이용한 새로운 품종들을 개발했는데, 우리는 반대로 매우 비싼 로열티를 지불해 가며 남의 것을 들여오고 있는 실정이다. 그런 것들이 백합, 장미, 국화, 철쭉 등 부지기수다.

참나리가 갖고 있는 매력은 한두 가지가 아니다. 이른 봄, 통통하고 기운차게 올라오는 녹색의 튼실한 새싹에서부터 일 미터 이상 외줄기로 뻗어 자라는 자태, 여름이면 백합처럼 꽃대가 올라와 점차 붉은색으로 물들어 가며 피어나는 꽃색의 변화, 그리고 붉은 꽃잎에 선명히 찍히

외줄기 꽃대에 피어난 붉은 자태, 마당 입구의 참나리.

는 까만 점들, 큼직하게 쭉 뻗어 나온 암술 주변으로 풍성한 꽃가루 주머니를 매단 수술 등, 자태마다 선이 분명해서 좋다.

잎줄기 사이사이에는 새까만 색의 콩알 같은 목자들이 있어 마치 흑진주를 연상케 하는데, 이 목자들을 따다 심으면 뿌리가 잘 내리고 번식 또한 쉬워 이삼 년만 잘 관리해 주면 꽃을 볼 수 있고 빠른 기간 내에 많은 포기를 확보할 수 있다.

참나리 역시, 한두 포기만 꽃피워도 아름답지만 무리 지어 군락을 이루면 또 다른 감동을 준다.

학이 앉은 듯한 품격, 태산목

죽설헌 정원의 연못 주변 습지가 오월을 수놓았다면, 유월 한 달은 집 앞의 태산목(泰山木)들이 주인공이 된다. 태산목은 상록 활엽수로 따뜻한 남부 지방에서 크게 자라는 교목(喬木)이다. 잎이 크고 두꺼워, 어릴 적에는 떨어진 잎을 주워 책갈피로 쓰거나 친구들끼리 '빠꿈살이' 할 때 즐겨 사용했었다.

꽃은 백색으로 외형과 크기가 백련꽃과 비슷하지만 꽃잎이 두꺼워 좀 더 무게감이 있다. 가지 끝에 한 송이씩 커다란 꽃을 피우는데, 멀리서 보면 학들이 나무에 무리 지어 앉아 있는 듯하다. 잎과 꽃이 깔끔하고 품격있으며 꽃향기 또한 감미롭고 진해서, 마치 격조있는 레스토랑에서 무릎 위에 냅킨을 얹고 포크와 나이프로 식사를 하는 멋쟁이 숙녀 같다고나 할까. 정원이 여유가 있다면 꼭 심어 보기를 추천하는 수종 중하나다.

병충해가 없어 나무 자체가 깨끗하고 신선한 느낌을 주며, 두꺼운 잎들이 낙엽이 되어 나무 밑에 쌓이면 잡풀들도 잘 자라지 못한다. 낙엽수들은 가을에 단풍이 들고 잎이 지지만, 상록수들은 사시사철 푸르기 때문에 잎이 지지 않는 것처럼 보인다. 그러나 자세히 관찰해 보면 낙엽이 지는 것은 마찬가지다. 단지 상록수들은 봄에 새순이 나오면 그때부터 시나브로 한 잎 두 잎 떨어지기 시작해, 새순이 다 자라는 여름까지 묵은 잎이 서서히 지므로 잘 느끼지 못할 뿐이다. 태산목을 비롯해 대나무, 동백, 가시나무, 목서 등 상록수들이 죄다 그렇다. 태산목은 큰 나무를 옮겨 심으면 몸살이 아주 심하고 추위에 약해 동해(凍害)를 입기 쉬우므로, 어린 묘목을 제자리에 심는 것이 좋다.

감미로운 향을 지닌 멋쟁이 숙녀, 장독대 앞의 사십 년 된 태산목.

한여름의 보랏빛 선물, 배롱나무 아래 군락을 이룬 맥문동.

지피식물의 공주, 맥문동

음지나 반음지, 그러니까 나무 아래 그늘진 곳에 석합한 늘 푸른 지피식물(地被植物)로 맥문동, 마삭줄, 송악 등을 꼽을 수 있다. 마삭줄과 송악은 나무나 바위 등을 타고 오르는 성질이 있지만, 평지에서도 바닥에 쫙 깔려 자연의 아름다움을 한껏 연출해낸다.

맥문동은 난초처럼 생긴 잎 사이로 꽃대들이 올라와 보라색 꽃을 피우는데, 꽃이 귀한 한여름에 보랏빛으로 군락을 이루는 모습이 장관이다. 그래서 맥문동도 한두 포기보다는 역시 무리 지어 심어야 제맛이다.

눈길이 닿는 쪽에는 맥문동을 심어서 시원스레 무성한 푸른 잎과 보라색 꽃을 감상하고, 길 쪽으로는 잎이 더 작고 가늘어 함부로 밟아도 괜찮은 소엽맥문동을 심는 것이 요령이다. 소엽맥문동은 꽃이 약해 감상하기에는 적합하지 않다.

죽설헌에는 소엽맥문동이 군데군데 군락을 이루고 있어 개들이 늘어지게 즐기는 폭신폭신한 휴식처이지만, 잎들이 뭉개졌더라도 하룻밤만 지나면 언제 그랬냐는 듯 원래대로 되살아난다. 무성히 군락을 이루면 다른 잡풀들도 침입하지 못해, 마치 푸른 카펫을 깔아 놓은 듯 넉넉하고 폭신폭신한 느낌이 그만이다.

활활 타오르는 배롱나무

배롱나무는 나무 줄기를 손으로 긁으면 간지럼을 타 위쪽 가지가 흔들린다고 해서 간지럼나무라고도 불린다. 표피가 매끈하면서 구불구불한 아름다운 수형(樹形)은 물론이고, 무더운 여름 불타는 듯한 정열적인 붉은색 꽃을 나무 전체에 가지 끝마다 피워내, 넓은 정원에는 반드시 있어야 구색이 맞는 수종(樹種)이다.

성장이 더뎌, 아름다운 줄기의 특성이 제대로 발휘되려면 적어도 이십 년 이상은 되어야 한다는 단점이 있지만, 꽃은 삼사 년이면 피기 시작하니 예쁜 꽃은 충분히 감상할 수 있다. 사실 여름의 찌는 듯한 삼복더위에 진한 붉은색은 어울리지 않게 생각되지만, 흐드러지게 피어난 배롱나무꽃은 짙은 녹색의 산야 속에서 단번에 시야에 확 들어와, 배롱나무 아래 들어서면 그 강렬함에 무더운 뙤약볕도 뇌리에서 사라져 버린 채 한동안 발걸음을 붙들리게 된다.

근래에는 종자 파종으로 대량 번식이 쉬운, 일본에서 개량되어 들여온 배롱나무가 의외로 많이 퍼져 가고 있어 우려와 안타까움이 많다.

토종 배롱나무는 종자가 잘 맺지 않아 주로 삽목(揷木)하여 번식시키고, 꽃 색깔도 진한 붉은색 한 가지뿐이다. 일본에서 들여온 배롱나무는 종자가 잘 맺고 발아도 잘되어 대량 번식이 가능한 반면, 줄기가 토종처럼 구불구불한 조형미를 갖추지 않고 밋밋하게 자라며, 꽃 색깔은

주차장 입구에 피어난 배롱나무꽃.

꿈틀꿈틀 위용을 과시하는, 연못 가는 길의 배롱나무.

붉은색, 분홍색, 보라색, 흰색 등으로 다양하다. 조금만 관심 기울여 보면 쉽게 구분할 수 있는데, 우선 줄기가 구불구불하게 자라면 토종이고, 밋밋하게 뻗으면 일본종이며, 꽃이 지고 난 후 가지 끝에 콩알만 한 크기의 열매가 많이 달려 있으면 일본종이다.

이런 사실을 잘 모르기 때문에 번식이 수월하고 값싼 일본산 배롱나무들이 많이 보급되고 있다. 문제는 우리의 전통 정원이나 공공 기관, 특히 항일 기념공원 등지까지 일본산 배롱나무가 무분별하게 심기고 있어, 마치 일본산 철쭉이 전 국토를 뒤덮듯이 일본산 배롱나무가 강토를 뒤덮어 갈지도 모른다는 것이다.

토종 배롱나무는 한두 그루씩으로는 많이 볼 수 있지만, 수령이 오래된 군락지는 매우 귀하다. 그 진수를 보려면 전남 담양의 명옥헌(鳴玉軒)과 장성의 요월정(邀月亭)을 찾으면 된다. 백 년 이상 자란 아름드리 배롱나무 군락의 위용이 얼마나 대단한지 알 수 있다. 명옥헌 연못에 비친 꽃 그림자, 나무 아래와 물 위로 빨간 꽃잎이 질펀하게 떨어진 정경은 그대로 한 폭의 수채화로, 깊은 밤 요월정 배롱나무꽃 사이로 달빛이 쏟아지는 정경을 어찌 얄팍한 몇 줄의 글로 표현할 수 있겠는가.

무더운 여름에 시원함을 안겨 주는 파초

정원에 꼭 심어 보기를 권하는 수종 중 하나가 파초다.

파초는 바나나와 아주 흡사해 전문가가 아니면 구분이 쉽지 않다. 바나나처럼 파초도 따뜻한 지방에서 잘 자라지만, 바나나보다 훨씬 추위에 강해 우리나라 남부 지방에서도 재배하기 쉽다. 하지만 이상 기온으로 한파가 찾아올 때는 동해를 입기 쉽기 때문에, 산간이나 중부 지방에서는 반드시 월동 준비를 해 주어야 한다. 서리가 내려 잎이 시들면 땅 위에서 바짝 지상부를 자르고 투명 비닐을 파초 위로 넓게 깔아 준다. 자른 지상부 줄기와 잎으로 그 위를 덮으면 월동 준비는 끝이다.

이듬해 봄에 싹이 나오면 비닐을 뚫고 나올 때까지 그대로 두었다가, 한두 뼘 정도 자랄 때까지 비닐을 걷어내지 않고 놔두면 초기 생육이 빨라 훨씬 잘 자란다. 늦가을 서리가 내릴 때쯤에 줄기를 짚으로 두껍게 싸매 주면, 봄에 줄기에서 새순이 나와 훨씬 빨리 무성한 파초와 함께 바나나와 흡사한 이색적인 꽃까지 감상할 수 있다. 하지만 매년, 그것도 많은 수의 파초를 짚으로 싸매 주는 작업이 번거로워, 지금은 꽃 보기를 포기하고 아예 땅 위에서 바짝 잘라 뿌리 부분만 월동시키고 있다.

여름 장마철로 접어들면 파초는 하루가 다르게 왕성히 자라 키가 삼 미터가 넘도록 우거진다. 무더운 한여름에 시각적으로 시원함을 안겨 주기에는 그만이다. 여유만 있다면 한두 포기보다는 군락을 이루도록

열대 숲을 연상케 하는, 서쪽 언덕 아래의 파초.

심어 보면 더욱 좋을 것이다. 파초잎들이 너울너울 뻗어 서로 중첩되어 하늘을 가린 파초 숲 속으로 산책을 나서면 마치 열대 정글 속에 들어온 것처럼 특별한 이국적 감흥에 빠져들 수 있을 것이다.

비가 오면 파초 잎에 후두둑 비 떨어지는 소리 또한 일품이다. 미풍이 불면 대형 부채가 나부끼듯 너울거리고, 태풍이라도 몰아치면 잎맥을 따라 갈기갈기 찢겨진 잎들이 묘한 새미를 준다.

그래서 예로부터 그림 속에 파초가 많이 등장해 왔다. 수묵화에서는 십군자(十君子) 속에 포함시켜 뚝뚝 떨어지는 먹색으로 시원한 파초잎을 묘사하기도 했다.

내 정원에는 죽설헌표 정경이 몇가지 된다. 등나무 덩굴로 뒤덮인 주차장, 탱자나무 울타리길, 질경이 산책길, 왕버들과 노랑꽃창포만으로 조성된 연못, 송악 덩굴이 감싸 올라간 가로등과 나무, 정원 전체에 깔린 꽃무릇, 고(古)기왓장 담 산책길, 자연적으로 쌓아 올린 석탑, 군락을 이룬 파초 숲 등등.

달빛 아래 여왕, 옥잠화

지리하고 무더운 여름을 보내는 끝자락은 하얀 옥잠화가 마무리한다. 손바닥보다 넓은 연녹색 잎들이 한여름을 시원하게 해 주다가, 그 잎들 사이로 꽃대가 올라와 마치 비녀 모양의 봉긋한 하얀 꽃봉오리들이 출연하면 가슴 설레지 않는 이 없다.

꽃 모양은 백합과 흡사한데, 백합 향기는 진하다 못해 독해서 밀폐된 작은 방에 많은 양의 백합꽃을 꽂아 놓으면 자칫 질식할 우려가 있을 정도이므로 주의해야 하지만, 옥잠화 향기는 어찌나 감미로우면서 은은한지 정원에는 반드시 심어야 할 화초 중 하나다.

분위기를 띄우려는 요리사는 꽃봉오리를 따 특별한 꽃 요리를 만들어 내기도 하고, 차를 좋아하는 이는 꽃 차로 우려내기도 해서, 삭막한 일상에 활력을 불어넣기도 한다.

옥잠화가 피기 시작하면, 비단 배꽃만이 "이화에 월백하고"가 아니라, 달빛 아래 옥잠화도 저렇게 서늘할 수 있을까 싶을 정도로 순백의 차가운 기운이 온몸에 전달되니, 옥잠화를 제대로 감상하기 위해서는 놓쳐서는 안 될 시간이다. 하얀 꽃 위로 달빛이 쏟아져 내리면, 그 주변에 광채가 돌며 진한 향기는 뜨락을 휘감아 코끝을 자극하고, 티 없이 맑은 순백의 꽃은 발길 얼어붙은 채 숨도 크게 내쉬지 못하고 온몸이 정지되는 전율을 느끼게 할 것이다.

진한 향을 간직한 순백의 서늘함, 질경이 산책로의 옥잠화.

환경 적응력이 뛰어나 번식도 매우 쉽다. 한 포기에 두세 개의 눈을 붙여 떼어내 심으면 이듬해 곧바로 꽃을 볼 수가 있다. 비비추나 옥잠화는 워낙 생명력이 강해 일 년 중 어느 때 옮겨 심어도 죽지 않고 잘 자라는 화초다. 습기가 충분하고 비옥한 토양이면 아주 잘 자라는데, 반그늘에서도 잘 자라므로 큰 나무 아래에 심으면 제격이다. 수세가 강해 넓은 잎들이 포기져 우거지면 웬만한 풀들은 범접을 못 할뿐더러, 병충해에도 매우 강해 싱싱한 푸른 잎을 그대로 감상할 수 있지만, 한여름의 강렬한 햇볕 아래서는 잎이 화상을 입기 쉬우며 잎색도 탈색되므로 직사광선이 차단되는 반그늘이 좋다.

꽃과 잎의 비련, 상사화

잎과 꽃이 평생 서로 만나지 못한다고 해서 상사화(相思花)라고 이름 붙여졌다는데, 세 가지 좋은 장점이 있어 내가 좋아하는 구근 야생화 중 하나다.

첫째, 일찍 싹이 올라와 제일 먼저 봄이 왔음을 알려 준다. 추운 겨울을 보낸 삭막한 대지 위에, 이월이 되면 음지쪽 눈이 채 녹기도 전에 튼실한 파란 싹이 얼었던 땅을 뚫고 올라와 봄의 기운을 느끼게 해 준다. 싹은 수선화와 비슷하지만 상사화는 잎이 더 넓어 넉넉해 보인다.

둘째, 다른 풀들과의 경쟁에서 단연 우위를 점해 관리가 쉽다. 잎이 수선화보다 훨씬 크고 넓으며 무성하게 올라와 감히 잡풀들이 영역을 넘보지 못한다.

셋째, 분홍색 나팔 모양의 통꽃이 소박하고 풍성한데, 화려하지 않으면서 포근한 정감이 든다. 여름으로 접어들어 날씨가 더워지면 점차 잎이 시들어 흔적도 없이 사라졌다가, 팔월 늦여름에 뜬금없이 꽃대가 삼십 센티미터 이상 쑥 올라와 그 끝에 서너 개의 꽃이 분홍색으로 핀다.

가을에, 볕이 잘 들거나 반그늘 진 빈터에 작은 양파 크기만 한 구근을 십 센티미터 정도 간격으로 심어 놓고 잊어버리고 있을라치면 어느 결에 꽃을 피워 깜짝 놀라게 해 준다.

분홍빛 나팔 통꽃, 뒤뜰의 모과나무 아래에서 피어나는 상사화.

가을의 풍요, 겨울의 정취

붉은 카펫, 꽃무릇

숨이 콱콱 막히는 무더운 여름이 한풀 꺾여 밤에는 제법 시원한 바람이 불어오는가 싶으면, 어느 순간 홑이불을 꺼내어 덮게 되고 따끈한 아랫목이 생각나는 초가을로 접어든다. 추석이 다가올 무렵, 잎의 흔적 하나 없는 맨땅에서 꽃대들만 올라와 진한 붉은색 꽃을 피우는 것이 꽃무릇이다. 연한 초록의 꽃대가 나오기 시작해 하룻밤 자고 나면, 화살촉같이 쑥쑥 눈에 띄게 올라와 꽃을 볼 수 있으리라는 기대감에 한껏 부풀게 된다.

늦여름 마지막 더위가 기승을 부릴 때쯤 키 높은 잡풀들을 깨끗이 예초해 주면, 잔디처럼 깔린 초지 위로 꽃무릇의 꽃대들만이 올라와 꽃을 피우기 시작하는데, 몇 포기만으로는 강렬한 붉은색과 좁게 찢겨진 듯한 꽃잎, 긴 수술 들이 주는 감흥을 느끼기 어렵고, 넓은 정원에 가득 들어차게 피어나야 마치 붉은 카펫을 깔아 놓은 듯 부드러운 햇살 아래서 가을을 알리는 이벤트가 되기에 충분하리라.

꽃무릇은 습기가 충분한 반그늘에서 잘 자라는 구근식물이지만, 척박한 환경에도 잘 적응하기 때문에 나무 아래, 빈터, 돌 틈 등 어디든 한 번 심어 놓으면 잘 자란다. 잡풀들과의 경쟁에서도 끄떡없어서, 애써 관리해 주지 않아도 때가 되면 어김없이 아름다운 꽃들을 감상할 수 있다. 죽설헌에서도 연못을 제외한 대부분에 꽃무릇이 꽉 들어차 있어, 꽃이

가을의 전령, 텃밭 가는 길에 피어난 꽃무릇.

필 때면 정원 전체가 온통 붉은 꽃들로 뒤덮여 제법 볼 만한 전경이 펼쳐진다.

잎과 꽃이 만나지 못해서 꽃무릇을 상사화(相思花)로 잘못 아는 경우가 많은데, 상사화도 꽃무릇처럼 잎이 없이 꽃대만 올라와 꽃이 피는 것은 같지만, 꽃무릇보다 일찍 한여름에 피는 백합꽃 비슷한 나팔 모양의 통꽃으로, 분홍색이다. 꽃무릇은 꽃이 지면서 잎이 나오기 시작해 가을 동안 무성히 자라 싱싱한 푸른 잎 상태로 겨울을 나는데, 눈 속에서 빼꼼히 드러난 모습은 춘란 잎과 흡사하다. 봄까지 푸른 잎으로 있다가 여름으로 접어들면서 잎이 서서히 시들어 없어진다. 반면 상사화는 이른 봄에 잎이 나는데, 꽃무릇 잎보다 훨씬 넓고 길며 무성히 자라다 여름이 되면 잎이 시들어 없어진다. 또한 구근의 형태도 꽃무릇은 쪽파 뿌리와 매우 비슷하게 생겼으나, 상사화는 이보다 훨씬 커서 마치 작은 양파 크기만 하다. 여러모로 꽃무릇과 상사화는 확연히 다르다.

꽃무릇은 산 계곡이나 사찰 주변에서 흔히 볼 수 있는데, 전남 영광의 불갑산(佛甲山)은 산 계곡 전체가 꽃무릇으로 꽉 들어차 있어, 가을이면 붉은 산을 이루어 대단한 장관을 연출한다.

번식은 매우 쉬워, 꽃이 지고 나면 덩어리진 구근에서 두세 개씩 떼어내 심으면 된다. 구근에는 독이 있어서, 옛날에는 사약의 재료로도 쓰였다 하니 절대로 먹어서는 안 된다.

가을의 상징, 밤나무

무더운 여름이 끝나고 구월로 접어들어 아침 저녁으로 산들산들한 바람이 스치는가 싶으면, 어느 결에 굵어진 조생종 이른 밤송이가 벌어지기 시작한다. 티브이에서 가을이 다가옴을 알릴 때 으레 숭얼숭얼 매달린 밤송이 화면을 빼놓지 않을 만큼, 가을 하면 코스모스와 함께 먼저 떠오르는 것이 밤이다.

식량이 부족했던 시절 전국의 산자락에 밤나무 심기를 적극 권장해서 어느 산골을 가도 밤나무가 많았는데, 지금은 오히려 천덕꾸러기로 전락할 정도에 이르렀다. 그래도 배고팠던 시절에 매우 소중한 일익을 감당했고, 산골 농가의 주요 소득원이 되는 것은 지금도 마찬가지다.

아무리 밤이 흔해졌을망정, 밤송이가 벌어져 떨어지면, 밤송이 가시에 손이 찔리고 허리 아픈 줄도 잊은 채 시간 가는 줄 모르고 밤 줍는 재미에 빠져들게 된다. 밤송이가 통째로 떨어진 것을 두툼한 운동홧발로 짓밟으면 토실한 알밤이 툭 삐져 나오는데, 어떤 것은 통밤으로 한 개만 들어 있기도 하고, 두세 개가 들어 있기도 하다.

정원 한편에 조생종, 중생종, 만생종, 그리고 접붙이지 않은 산밤을 함께 심어 놓으면, 초가을부터 밤 줍는 재미가 이어진다. 이른 밤은 저장이 잘 안 되니 생밤으로 먹고, 쪄서 먹고, 추석 차례상에도 올린다. 늦은 밤은 신문지에 둘둘 말아 냉장고 속에 넣어 두면 벌레가 먹지 않아,

꽃과 열매와 꿀과 향을 제공해 주는, 북쪽 언덕의 밤나무.

설과 정월 대보름에도 거뜬하게 쓸 수 있어 얼마나 흐뭇한지 모른다. 산밤은 크기가 작아 차례상이나 제사상에 놓기가 적합하지 않지만, 찌거나 구워 먹으면 포근포근한 맛이 밤고구마 같아서 좋다.

유월 밤꽃이 피면 그 향기가 비릿하니 독특하여 혼자 사는 여인네 집에 심지 말라는 얘기가 전해지지만, 우윳빛으로 흐드러지게 피는 밤꽃 감상은 결코 지나칠 수가 없다. 이때는 벌들도 바쁘게 꽃 사이를 넘나들어, 밤나무 주변이 온통 웅웅 대는 벌소리로 요란하다.

갈색의 진한 밤꿀은, 맛은 떨어지지만 위장에 좋다 하여 농가에서는 약으로 귀하게 쓰인다. 꿀 먹고, 밤 먹고, 꽃 보고, 향기 맡고, 벌 보고….

신선한 아침 이슬, 석류

처음 시골에 들어갈 때는, 전원생활을 즐기며 나름대로 예쁜 정원도 함께 만들어 가려면 이삼백 평 정도의 면적이면 충분할 거라 생각하기 쉬운데, 도시의 평수와 시골의 평수는 개념이 많이 다르다. 살아가다가 여유가 생겨 슬슬 눈 돌려 보면, 심고 싶은 나무들이 늘어 갈 것이다. 그만큼 자연을 알아 가면 갈수록 무궁무진한 재미들이 끊이지 않고 점점 튀어나온다. 그래서, 오백 평 이상은 돼야 어느 정도 재미를 누릴 수 있지 않을까 싶다.

처음 시작할 때는 감당할 만큼만 가꾸고 나머지는 그냥 풀밭으로 놀리면 된다. 풀들 자체가 하나같이 야생화이므로. 확보한 땅 전체를 다 관리하려 덤비다간, 자칫 힘에 겨워 이도 저도 아닌 채 나자빠질 수 있기 때문이다. 이것이 간단하고 평범한 것 같지만 매우 귀한 진리이다.

시골에 정붙여 살다 보면 이렇다. 작은 마당과 장독대는 반드시 있어야 하고, 불 때는 자그마한 온돌방도 반드시 필요하고, 텃밭과 작은 비닐하우스도 필요하고, 감나무, 밤나무, 대추나무, 앵두나무, 호두나무, 보리수나무, 석류나무, 자두나무, 매화나무 등 과일 나무도 심어야 하고, 봉숭아, 맨드라미, 채송화, 봄까치꽃, 민들레 등 각종 야생화도 봐야 하고, 수선화, 상사화, 꽃무릇, 참나리, 뚱딴지 등 구근류(球根類)도 심어야 하고, 옥잠화, 서향, 치자, 금목서, 은목서, 동목서 같은 진한 꽃향

한겨울, 가지에 달린 채로 말라 가는 석류.

기도 필요하고, 좀 더 욕심을 부리자면 작은 연못도 하나 만들어 수련, 연, 부들, 창포도 심고, 그 안에 붕어, 미꾸라지, 메기 등 토종 물고기도 기르고….

석류도 정원에 꼭 한 그루쯤은 있어야 구색이 맞다. 한여름에 붉게 피어나는 석류꽃은 녹색의 잎들과 대조를 이루어, 진한 립스틱을 바른 것처럼 요염하다. 가을이면 어느 결에 석류가 벌어지기 시작해 터진 껍질 사이로 빨간 보석 같은 종자들이 비치면, 보기만 해도 저절로 입에 침이 고인다. 몇 개 따다가 책상 위에 올려만 놔도 집 안에 가을 정취가 가득해진다.

석류나무는 이른 봄에 물이 잘 빠지고 햇볕이 잘 드는 비옥한 토양에 심어 놓으면 잘 자란다. 높이 크는 나무가 아니기 때문에 마당가 한편이 잘 어울린다. 석류는 신맛이 강한 과일이지만, 시지 않고 달디단 감로라는 품종도 있으니 취향에 맞게 심으면 될 것이다. 석류를 가을에 죄다 따지 않고 남겨 두면, 한겨울 눈 내릴 때까지도 가지에 그대로 매달려 있어, 삐쩍 마른 석류의 자태를 감상해 보는 여유도 좋으리라.

세월 따라 굵어지는 강인함, 모과나무

모과나무를 심으면 얻는 즐거움이 많아서 좋다.

해가 갈수록 굵어지는 둥치는 단단한 근육처럼 강인해 보인다. 가물치의 등거리 같은 알록달록한 문양이 더해져 다른 나무들과 차별된 독특함이 있는데, 노각나무 줄기와 비슷하기도 하고 엄청 굵은 구렁이 같기도 하다.

오월이면 연초록 잎 사이로 연분홍색의 잔잔한 모과꽃, 그리고 주먹만 한 모과들이 달리는데, 낙엽이 지고 나서도 앙상한 가지에 그대로 남아 있는 정경 또한 운치있다. 잎이 떨어지고 직접 햇볕을 받게 되면서 녹색이었던 모과가 노랗게 변해 가는 모습도 심심찮고, 여기에 첫눈이라도 내려앉으면 까치밥으로 남겨진 붉은 감과 함께 자연이 만들어내는 아름다움 속으로 한없이 빨려 들리라.

모과는 감기에 좋다는 모과차를 만들기도 하고, 책상 위나 거실 한편에 놓으면 독특한 모과 향이 코끝을 스친다. 떨어져 땅 위에 나뒹구는 모과는 자연스러움의 극치로, 눈 속에 파묻혀 빼꼼히 내다보이는 색감은 완벽한 작품이다.

오랫동안 정원을 가꾸며 애정을 갖고 좀 더 깊이있게 자연 속을 들여다보면, 바람에 나뭇잎 스치는 소리, 잎사귀에 빗방울 떨어지는 소리, 겨울 떡눈을 못 이긴 가지가 부러지는 소리, 새소리, 바람 소리, 깊은 밤

진한 향으로 주변을 감싸는, 낙엽들 위에 떨어져 썩어 가는 모과.

개 짖는 소리, 새벽녘 닭 우는 소리 들을 들을 수 있다. 또, 땅 위에 쌓여 썩어 가는 낙엽의 풍경, 각종 꽃들과 열매들이 떨어져 나뒹구는 정경, 한밤중 쏟아지는 별빛, 달빛 등은 그대로 가슴속 깊이 전달되는 자연 완상(玩賞)의 정점이지 않을까 싶다.

수북히 쌓인 낙엽들 사이로 떨어져 흩어져 있는 모과들을 바라보는 즐거움에 늦가을부터 겨울이 마냥 행복한데, 야속한 방문객이 그 중에서 크고 예쁜 것만 골라서 슬쩍 주워 가는 것을 보면 야박스럽게 말리지 못한 채 끙끙 속앓이만 한다.

죽설헌의 우람한 지붕, 개호두나무

개호두나무는 가래나무, 추자나무라고도 불리는데, 전국 산야에 자생하고 있으며 척박한 땅에서도 잘 자라고 성장이 매우 빠른 낙엽 교목으로, 호두나무를 접붙이는 대목으로 사용된다. 포도송이처럼 한 줄기에 일고여덟 개 정도의 열매가 매달리는데, 호두 열매와 아주 비슷해서 구분하기가 쉽지 않다.

호두는 둥글고 조금만 힘을 줘도 쉽게 부서져 속살이 떨어져 나오는데, 개호두는 호두보다 약간 작으면서 끝이 뾰족하고 껍질이 단단해 망치로 두들겨야 깨지며, 속살이 껍질에 달라붙어 있어 잘 떨어지지 않지만 호두에 비해 구수한 맛과 식물성 기름기가 더 있다.

떨어진 열매를 겉껍질 벗기고 물에 씻어 햇볕에 말렸다가, 겨울이면 망치로 두들겨 속살을 꺼내 먹기도 하고, 케이크를 만들어 주면 딸들이 아주 좋아해서, 인스턴트 식품이나 과자 대신 먹여 키웠다.

사십여 년 전 형님과 다도 불회사(佛會寺)로 등산 갔다가 대웅전 뒤 언덕에 두 아름 정도 되는 큰 개호두나무 아래에서 떨어진 개호두 몇 개를 주워다 심었는데, 불회사의 나무는 베어져 없어진 지 오래지만 죽설헌에서는 그 후손이 벌써 한 아름으로 잘 자라 집 바로 뒤쪽에 두 그루가 무성히 지붕을 뒤덮고 있다.

당시 불회사에는 제주도의 천연 비자림 다음으로 오래된 비자나무들

죽설헌 지붕을 뒤덮고 있는, 사십여 년 된 개호두나무.

이 숲을 이루고 있었고, 마당 입구 쪽으로는 한 아름씩 되는 산감나무 수십 그루가 있어 늦가을에는 붉은 감들이 고목나무 가지 끝에 가지가 휘어지게 매달려, 그야말로 대단한 풍광을 연출해내고 있었다. 겨울이면, 절 뒷산에는 푸른 비자나무 숲이, 절 앞으로는 하얀 눈 내려앉은 붉은 홍시들로 절경을 이루었다. 불사(佛事) 한답시고 감나무들을 죄다 베어 버리고 거우 몇 주만 덩그러니 남아 있는 지금은 너무 속상해 불회사를 찾지 않는다. 나무에 무관심한 주지승이 들어오면, 불사 한답시고 몇백 년 된 거목들을 하루 아침에 베어내는 것이 오늘날 절의 현실이다.

죽설헌의 개호두나무는 지붕 위를 뒤덮고 있어, 여름에는 그늘을 만들어 주기 때문에 집 안이 생각보다 시원하다. 물론 가을에 낙엽이 지면 지붕 위로 쌓인 낙엽을 쓸어 내리는 수고를 해야 하지만….

옛 어른들은 집 안에 큰 나무가 있어서는 안 된다고 하셨는데, 나무가 점점 자라고 또한 뿌리도 굵어지면서 담이 무너질 염려가 있고 지붕에 그늘이지고 낙엽이 쌓이면 겨울에 기와가 동파할 우려가 있어서 그러지 않았을까 싶다. 하나 요즘의 견고한 콘크리트 기초와 건물들에서는 염려할 사항이 못 되고, 오히려 한여름 강렬한 햇빛에 노출되어 뜨거워지는 것보다는 시원한 그늘을 만들어 줄 수 있는 큰 나무가 아름다운 경관까지 연출하니 일석이조이지 않겠는가. 여름에는 시원한 녹음을, 겨울에는 충분한 햇볕을 받으려면 상록수보다 개호두나무 같은 낙엽수가 좋다.

두 그루 중 한 그루에는 송악이 타고 올라 마치 오래된 정원인 양, 원시림을 연상케 할 정도로 사계절 푸른 송악 넝쿨들이 추자나무 가지에서 치렁치렁 늘어져 바람에 하늘거리고, 다른 한 그루에는 담쟁이가 감고 올라가 가을이 되면 붉게 단풍이 들어, 두 그루가 나란히 붉고 푸른 대비를 이루는데, 이 또한 의도하지 않았던 자연의 연출이다.

이때쯤이면 주렁주렁 매달렸던 호두 열매들이 낙엽과 함께 땅 위로 질펀하게 떨어진다. 낙엽을 헤집고 주우면 매년 한 가마니 이상씩 되어 지인들에게 나누어 주고도 긴긴 겨울 밤 호두 열매 까먹느라 밤이 깊어 가는 줄 모른다.

개호두나무는 봄에 종자를 심으면 발아가 아주 잘되고 성장도 매우 빨라서, 빠른 기간 내에 큰 나무를 볼 수 있어 새로 정원을 조성할 때 추천할 수 있는 나무 중 하나다. 물론 개호두나무 대신 호두나무를 심으면 호두 열매까지 수확할 수 있으니, 여유 면적이 적을 때는 호두나무 심기를 권한다.

군더더기 없는 천년수, 은행나무

은행나무와 단풍나무는 가을 단풍을 감상하기에 좋은 수종이다. 노오란 은행잎이 나무 아래 수북히 깔리면 마치 노란 물감을 양동이째 엎어 놓은 듯해서, 복잡한 현실 속에서 잠시 떠나 은행잎을 밟으며 사색에 젖어 보면, 그대로 우주의 시간이 멈춰 버린 느낌이 든다.

은행나무 한 가지 수종만으로 수십, 수백 그루가 숲을 이룬다면 환상적이며 독특한 조경이 될 수 있을 것이다.

사람들은 일반적으로 한꺼번에 많은 것을 보려 하고 요구하려 든다. 이 나무, 저 나무, 좋다는 나무는 죄다 혼식하여 사계절 내내 꽃도 보고 열매도 보고 갖가지 다양한 볼거리들을 지속적으로 유지하려 하는데, 문제는 분산되면 감흥은 반감되고, 군락을 이루면 배가되는 사실을 간과한다는 것이다.

한정된 면적의 개인 정원은 취향에 따라 여러 가지 수종들을 섞어 심기도 하지만, 공공 장소나 도시 공원 등은 가급적 단일 수종으로 군락을 이루게 해 주었을 때 훨씬 풍성하고 넉넉해 보이며 정리된 느낌을 줄 수 있다. 특히 도시는 건물과 사람들로 복잡하기 때문에 단일 수종으로 군락을 이루는 조경이 바람직하다.

깊어 가는 가을날, 온통 노오란 은행잎으로 뒤덮였을 때, 일년 중에 단 한 번 감흥을 주는 것만으로도 은행나무 숲은 그 소임이 충분하다.

188

은행이 열리는 암나무면 은행도 수확할 수 있으니 더욱 좋지 않은가.

나는 특히 은행나무를 좋아한다. 태고의 원시 수종으로 환경 적응력이 뛰어나고 천 년 이상을 사는 장수목으로, 수형(樹形)도 깔끔할 뿐 아니라 노오란 단풍은 물론이고 은행도 열리기 때문이다. 그래서 내가 죽으면 깊게 매장하고 그 바로 위로 은행나무 한 그루를 심는 수장(樹葬)을 유언장에 써 놓은 지 오래다.

집 뒤편으로 은행을 파종해 심은 은행나무 수십 그루가 삼십 년 넘도록 가지 하나 잘리지 않은 채 그대로 자라 해가 거듭될수록 풍성함이 더해 간다. 가을이면 노오란 은행잎이 질편하게 쌓여 부엌 창으로 내려다보이는 풍광을 즐기는 호사를 누린다. 다행히 은행이 열리는 암나무도 섞여 있어서, 몇 년 전부터는 자급을 넘어 가까운 지인들에게 한 봉지씩 나누어 주는 여유까지 생겼다.

은행나무는 최소한 십 년 이상 자라야 은행이 열리기 때문에 어린 묘목 때는 암수를 구별하기가 불가능하다. 그래서 여러 그루를 심어서 그중 암나무가 있기를 바라는 수밖에 없다. 근래에는 암나무를 접붙여 심는데 결실 연령도 빠르다.

은행이 익어 떨어지기 시작하면 아내는 바빠진다. 수시로 주운 은행들을 커다란 비닐봉지에 담아 시간이 흐르면서 과육이 썩어 내려 모인 액을 따로 보관해 두고 기침에 잘 듣는 비상약으로 쓰고, 은행은 물에 씻어 말린다.

아직 젊은 나무라 은행 알도 굵어, 저녁에 가끔씩 맥주 한잔 할 때 술 안주로 요긴하게 사용한다. 맥주 한 병이면 둘이 한 잔씩 기분 좋게 마실 수가 있어 일주일에 한두 번 화실에서 작업을 끝내고 저녁 늦은 시간

가을의 정취, 뒤뜰에 수북이 쌓인 은행잎.

에 맥주와 은행을 즐기곤 했는데, 요즘은 아내가 나잇살이 찐다고 하여 가끔 한잔씩 하곤 한다.

　나는 술이 체질적으로 약해, 전자레인지에 갓 볶아낸 은행 알 먹는 재미에 맥주를 핑계 삼는다. 아내는 아예 은행 알 깨는 도구까지 사 왔는데, 호두알을 깰 때도 겸용으로 쓸 수 있어 편리하다.

소박한 시골 풍취, 탱자나무 생울타리

나주에는 배 과수원이 많다. 외부인의 침입을 막기 위해 과수원 둘레를 따라 탱자나무를 심어 생울타리로 이용했던 터라 곳곳에 탱자나무가 많았는데, 생활이 넉넉해진 요즘은 남의 과수원 과일에 손대는 일이 없어지면서 그 많던 탱자나무 울타리들도 시나브로 없어져 버렸다. 봄이 면 하얗게 피는 탱자꽃과 가을이 되면 노랗게 익어 가는 탱자를 보기가 힘들어져 안타깝다.

탱자나무는 밀감나무를 접붙이는 대목으로도 사용될 만큼 특성이 비슷하고 추위에 약해 남도 지방에서만 재배가 가능하다. 성장 속도가 좀 더디지만, 오륙 년 자라서 꽃이 피기 시작하면 그동안 인내를 가지고 기다려 왔던 시간들을 한꺼번에 보상받기에 충분하다. 탱자꽃은 소박하여 친근한 정감을 준다. 가을에 잎들이 떨어지고 가지에 알사탕만 한 노란 탱자만 매달려 있으면 시골 풍취를 물씬 자아내기에, 억센 가시에 손이 찔리는 것을 감수하면서도 탱자를 따고 싶은 충동을 느끼게 한다.

또, 탱자 향을 맡아 본 이는 그 향이 얼마나 감미로운지 잘 안다. 한 바구니 가득 담아 차 안에 두어도 좋고, 거실이나 방 한편에 놔두면 노오란 탱자 빛깔과 은은한 향기로 가을이 깊어 가는 것을 만끽할 수 있다.

죽설헌에 탱자나무 생울타리가 만들어진 것은 오로지 아내 덕분이었다. 주차장에서 집으로 들어가는 길 좌측으로 탱자나무들이 있었는데,

점점 자라면서 길이 비좁아지자 아내는 키를 맞추어 낮게 잘라 주었다. 매년 새순이 자라면서 길 쪽으로 퍼지는 것을 막기 위해 수시로 다듬었는데, 세월이 흘러 지금의 독특한 탱자나무 생울타리가 만들어지게 된 것이다.

하지만, 해마다 자라는 새순을 적당히 남기고 잘라 주어야 하기 때문에 꽃이 많이 피지 않고 열매도 적게 달려 아쉽다. 대신에 잘 정돈되어 가꾸어진 생울타리는 집으로 들어가는 입구의 첫 인상을 깔끔하게 해 주어, 죽설헌에서 유일하게 손을 대 다듬어 주는 나무가 입구 좌측의 탱자나무와 우측의 꽝꽝나무다. 그래서 칼럼리스트 조용헌은 '좌탱자 우꽝꽝'이라고 표현한다.

죽설헌에서 유일하게 가지치기를 하여 가꿔 놓은, 집 입구의 탱자나무 울타리.

나무에도 금·은·동, 금목서·은목서·동목서

금목서, 은목서, 동목서는 식물에서 유일하게 금·은·동이란 표현이 붙는 상록수로, 원줄기보다는 옆 가지들이 잘 발달해서 수형(樹形)이 벌어지며, 관목(灌木)과 교목(喬木)의 중간쯤 된다. 수형, 잎모양, 꽃 형태가 서로 비슷하지만 꽃피는 시기가 조금씩 다르며, 꽃향기가 아주 진하고 강해, 정원에 여유가 있다면 꼭 심기를 권하는 나무들이다.

꽃향기가 진한 수종으로는, 이른 봄의 삼지닥나무를 시작으로 서향나무, 쪽동백나무, 치자나무, 찔레꽃나무, 여름의 오동나무, 멀구슬나무, 태산목, 마삭줄, 가을의 금목서, 은목서, 동목서(구골나무)가 있고, 여기에 옥잠화, 참나리, 들국화 같은 야생화들이 구석구석 들어차 있다면 사계절 내내 꽃향기 가득한 정원이 될 수 있을 것이다.

금목서는 잎이 길쭉하며, 가을의 문턱에서 싸래기같이 작은 주황색 꽃들이 무더기로 가지마다 꽉 들어차게 피어나면 꽃향기가 어찌나 진하고 강한지, 향기로는 필적할 만한 나무가 없을 정도로 압권이다. 금목서 한 그루만 있어도 꽃이 피면 온 동네가 꽃향기 속에 파묻힌다고 하는 말이, 결코 과한 표현이 아니다. 그래서 봄에 피는 서향과 함께 금목서를, 그 향기가 천 리를 간다고 해서 천리향이라는 애칭으로 부르기도 한다.

은목서는 잎이 좀 더 둥근 계란형이고 잎 가장자리로 거치(鋸齒)가 있

196

으며, 금목서 꽃이 지는가 싶으면 곧바로 이어서 피는데, 꽃 색깔이 하얗고, 향기는 금목서와 비슷하지만 보다 부드러우면서 감미롭다.

동목서는 가을이 깊어 초겨울로 접어들 무렵 꽃이 피는데, 형태도 금목서, 은목서와 아주 비슷하지만, 꽃향기 또한 결코 만만치 않게 향기롭다. 동목서는 잎이 은목서보다 조금 작고 마치 호랑이가시 잎과 비슷해 호랑이가시로 잘못 아는 경우가 많다.

호랑이가시는 잎이 두껍고 다섯 개의 강한 가시가 잎 가장자리에 돋아 있어 손으로 쥘 수 없을 정도로 거친 데 반해, 동목서는 잎이 더 얇으며 크기도 좀 더 작고 아홉 개의 가시가 잎 가장자리에 돋아 있으며, 부드러워 손으로 가볍게 쥘 수 있을 정도다. 또한 호랑이가시는 성냥알 만 한 붉은 열매들이 한겨울 내내 달려 있어, 눈이라도 내리면 하얀 눈속에 빨간 열매가 보석처럼 드러난다. 크리스마스 카드에 등장하는 바로 그 나무다.

금목서, 은목서, 동목서는 모두 열매를 맺지 않아 꺾꽂이로 번식시키며, 물이 잘 빠지는 양지 또는 반그늘에서 잘 자라므로 다른 키 큰 나무들과 혼식되어도 잘 어울리지만, 비교적 추위에 약해 따뜻한 남부 지방이 적합하다. 보성, 고흥, 순천 등 아래쪽에는 사오 미터 이상 크게 자란 금목서들이 많아 꽃이 필 때면 진한 향기가 곳곳에 가득하다.

고등학교를 졸업하고 광주법원에서 정원사로 잠깐 일했을 때 그곳의 은목서 가지를 꺾꽂이해 심었는데, 지금은 죽설헌 정원에서 대나무, 동백나무, 태산목 등과 함께 겨울에도 싱싱한 푸른 잎을 감상할 수 있는 주인으로 자리잡고 있다.

부드럽고 감미로운 꽃향기를 지닌, 사십여 년 된 은목서.

더불어 살아가는 부착식물

바위나 벽, 나무에 붙어 기어오르는 대표적인 식물로 담쟁이, 송악, 마삭줄을 들 수 있다.

담쟁이는 이른 봄 싹이 트기 전에 꺾꽂이를 하면 뿌리가 잘 내리며 번식이 용이해 건물이나 벽 아래 바짝 붙여 심으면 스스로 벽을 타고 오르는데, 이삼 년이면 왕성하게 뻗어 가므로 빠르고 손쉽게 벽을 덮을 수 있다.

봄에 약간 붉은 기를 띤 새싹이 터져 올라 연초록의 잎들이 덮여 가면 생기를 느끼기에 충분하고, 여름에는 녹색의 잎들이 건물 벽을 뒤덮으면 시원한 느낌이 들 뿐 아니라 삭막할 수 있는 벽에 자연미도 함께 선사해 준다. 또한 강한 햇볕을 차단시켜 건물과 주변 온도를 낮추어 주는 역할도 커서, 후끈 달아오른 도심의 열섬 현상을 완화시키는 데 효율적이다. 그렇기 때문에 건물은 물론이고 아파트, 학교, 미술관, 박물관, 교각의 기둥 등 콘크리트나 벽돌이 노출된 벽면에 담쟁이를 비롯한 송악, 마삭줄 등의 부착식물을 심을 것을 적극적으로 제안한다. 콘크리트 빌딩 숲으로 공해 가득한 도시에서 가장 손쉽고 저렴한 비용으로 녹색 엽면적(葉面積)을 확보할 수 있으며, 공기를 정화시켜 주는 기능도 크기 때문이다.

또한 다른 식물보다 일찍 단풍이 물들기 시작해 가을이 왔음을 알려 주고, 붉게 물들어 가는 잎들로 건물이 뒤덮이면 삭막해 보이던 인공건

축물이 자연과 함께 조화를 이루어 가는 아름다움을 선사해 준다.

낙엽이 지고 나면, 팔뚝에 튀어나온 핏줄처럼 제멋대로 뻗어 나간 줄기 사이로 팥알 크기만 한 검푸른색 열매들이 포도송이처럼 달려 그 잔잔한 아름다움을 감상하게 되는데, 그러다 보면 어느 틈엔가 새들이 날아들어 열매를 쪼아 먹는 풍경도 겨울 도심의 색다른 아름다움이다.

건물 벽이 부착식물로 덮여 가면 벽이 훼손되고 건물의 수명이 짧아진다는 낭설이 있는데, 이는 튼튼하지 못한 흙벽일 경우이고, 오늘날 콘크리트, 벽돌, 돌 등의 소재로 지어진 단단한 벽에서는 전혀 문제되지 않는다. 부착 덩굴에서 돋아난 뿌리는 줄기를 벽에 부착시키기 위한 것으로, 공기 중의 수분과 영양분을 흡수하는 역할만 하지, 벽을 파고들지는 않는다.

송악은 남부 지방에서 자생하는 상록 부착식물로, 잎이 담쟁이보다는 작고 마삭줄보다는 훨씬 큰 타원형이며 수세(樹勢)도 강하다. 아이비와 매우 비슷한데, 외국에서 들여온 부착식물인 아이비가 널리 심기고 있는 데 반해, 아이비보다 우수한 토종식물 송악은 거들떠보지도 않는다. 외제 선호 현상이 팽배한 현실에 안타까움을 넘어 화가 난다.

남도 지방을 여행하다 보면 느티나무, 팽나무 같은 큰 나무를 무성히 감싸고 있는 진한 녹색의 부착식물들을 간간이 볼 수 있는데, 이것이 바로 송악이다. 칡 덩굴이나 등나무는 나무를 휘감고 올라 수관(水管)을 덮어 버리고 줄기를 조여서 결국에는 죽게 하지만, 송악은 나무와 공생하며 원시림을 연상케 하는 볼거리를 제공해 준다. 송악이 지나치게 무성하면 나무가 다소 힘들 수 있으나, 한데 어울어진 광경은 참으로 훌륭하다.

송악은 번식도 매우 쉬워 이른 봄이나 장마철에 꺾꽂이하면 뿌리가

공생(共生)의 순리를 일깨우는, 개호두나무를 타고 올라간 송악.

잘 내린다. 건물 벽이나 콘크리트 옹벽, 나무에 부착시켜도 좋고, 대숲이나 햇볕이 부족해 잔디가 자랄 수 없는 그늘진 곳은 어디든 좋다. 너무 습한 곳만 아니면 지표면으로도 잘 뻗어 나가는 지피식물로, 사철 푸른색의 특색있는 조경 연출이 가능하다.

죽설헌 지붕을 덮는 아름드리 개호두나무를 타고 올라 한 덩어리로 어울려 축축 늘어진 송악 덩굴은 내가 가장 아끼는 '조형물'이다.

이 외에 감나무, 산벚나무, 소나무에도 송악이 타 오르게 해서 원시림처럼 조화를 이루어 가고 있고, 가로등이 달린 시멘트 전봇대에도 송악 덩굴이 휘감고 타 올라서, 이 또한 죽설헌만의 독특한 자연 조형물 가로등이 되었다. 집 뒤쪽 대밭에도 차나무와 송악을 심어 송악 덩굴이 지표면을 한창 덮어 가고 있는 중이다.

송악도 요란하게 드러나지는 않지만 꽃이 피어 보리쌀만 한 크기의 열매들이 맺히면 먹이감이 부족한 깊은 겨울에 새들의 먹이가 된다.

마삭줄도 사철 푸른 부착식물로, 산행을 하다 보면 땅 위에 지천으로 깔려 자생하는 것을 쉽게 발견할 수 있다. 잎은 소위 계급장만 한 크기인데, 녹색에 약간 붉은 기를 띠고 있다. 보통 마삭줄은 지면에 퍼져 자라지만, 바위나 나무에 부착해 타고 오르면 가을에 흰색의 잔잔한 꽃들이 무리 지어 피는데, 그 향이 삼지닥나무, 서향, 은목서나무, 치자나무처럼 진하면서도 감미로워, 마삭줄 꽃향기에 한번 매료되면 아마 정원에 반드시 심어야겠다는 생각이 들 것이다. 또한 마삭줄이 건물 벽에 부착해 오르면 한겨울에도 사철 푸른 잎을 감상할 수 있지만, 무엇보다도 늦가을에 드문드문 검붉게 한두 장씩 단풍 든 잎들은 어찌나 세련된 운치를 자아내는지 말로 형용하기 어렵다.

늦가을 정원의 백미, 감나무

시골 정원에 감나무 한 그루쯤은 버티고 있어야 넉넉함이 배어나 보인다. 그것도 수십 년 이상 묵어 둥치에 이끼라도 끼어 있는 땡감나무(산감나무)면 금상첨화다.

간짓대로 한두 개씩 먼저 익어 가는 홍시를 따 먹는 재미도 쏠쏠하지만, 곶감을 만들고 남은 일부는 석작(사각 대바구니)에 차곡차곡 담아 서늘한 광에 들여놓으면 한겨울 훌륭한 간식거리가 되고, 홍시를 냉동해 두었다가 한여름에 꺼내 먹으면 별미의 천연 아이스 홍시다.

손에 닿지 않는 높은 가지 끝에 남겨진 감들은 그 자체로 풍요로운 가을 정취에 물씬 젖게 할 뿐 아니라, 겨울철 새들의 요긴한 먹이가 된다. 남겨진 붉은 감 위로 밤새 눈이라도 내려앉으면, 그 풍광은 완벽한 자연미의 진수이다!

노오란 감꽃이 땅 위에 떨어져 깔리면, 차마 밟고 지나가지 못할 잔잔한 아름다움이 깔린다. 감꽃을 실에 하나하나 꿰어 목걸이를 만들거나, 빠꿈살이(소꿉놀이)할 때 사금파리에 음식인 양 담아내기도 했던 어릴 적 기억이 생생하다.

여름이 깊어 갈 무렵 풋감이 떨어지면, 오지항아리의 된장 푼 물에 며칠 담갔다가 떫은 맛이 사라진 후 먹으면 배고팠던 시절엔 어찌나 꿀맛이던지…. 가을로 접어들어 감잎에 하나둘 단풍이 들기 시작하면, 원색

자연미의 진수를 보여 주는, 흰 눈 내려 앉은 감.

의 은행잎이나 단풍잎과는 또 다른 깊은 가을의 정취를 풍긴다. 낙엽이 지고 가지 끝마다 붉은 감들이 가지가 늘어지게 매달린 자태도 아름답지만, 새들이 다 따 먹고 붉은 감 하나 남지 않은 감나무 수형(樹形)은 세월이 흐를수록 대단한 조형미를 연출해낸다. 제멋대로 기묘하게 뻗어 나간 오랜 땡감나무 한 그루는 주변의 조경을 압도한다.

감나무는 유실수로서 여러 가지 장점을 두루 갖춘 훌륭한 조경수다. 종류도 다양해서 조생종(早生種), 중생종(中生種), 만생종(晩生種) 단감을 비롯해, 홍시감으로 인기 좋은 대봉, 주로 곶감으로 쓰이는 산감, 작은 구슬만 한 크기의 고욤감 등, 감나무만으로도 특색있는 조경 연출이 가능하다.

또한 목공예가들은 오래된 산감나무의 새까맣고 아름답게 물든 먹감 문양을 이용해 갖가지 목물(木物)들을 연출해내니, 매우 귀한 나무로 취급되는 이유가 여기에 있다.

남도 최고의 정원수, 대나무

따뜻한 남부 지방이 중부 이북보다 훨씬 풍요롭게 느껴지는 것은 겨울에도 푸른 잎을 감상할 수 있는 상록 활엽수들이 많기 때문이다. 중부이북에서 겨울에도 푸른 잎을 볼 수 있는 수종은 소나무, 잣나무, 전나무 등 주로 침엽수들뿐이지만, 남부 지방은 이 외에도 대나무, 동백나무, 차나무, 비자나무, 가시나무, 태산목, 후박나무 등 이루 헤아릴 수 없이 많다.

그 중에서도 특히 대나무는 강직함과 충절의 상징으로 군자(君子)라는 칭호를 받을 만큼 선비들에게 사랑받아 왔으며, 플라스틱과 값싼 중국 제품이 밀려들기 전까지는 각종 바구니 등 죽세품(竹細品)의 주재료로 애용되었고, 철제 파이프가 대량 보급되기 전까지는 비닐하우스 설치 재료로 쓰이기도 했다.

대밭은 논보다 훨씬 더 높은 소득을 올릴 수 있어서 대밭 소유자들이 인근 농가로부터 부러움을 샀던 게 불과 몇십 년 전의 일이다. 하지만 이제는 대나무가 고소득 작물이 아닌 천덕꾸러기로 전락하여 시골의 많은 대밭들이 파헤쳐져 없어지고 있는데, 이를 지켜보면서 어찌나 안타까운지 모르겠다.

사실 대나무 숲만큼 완벽한 정원은 흔하지 않다. 대숲 속에 널려진 죽은 대나무 가지 같은 자질구레한 것들만 깨끗이 치워 버리기만 하면, 힘차게 쭉쭉 뻗은 대나무 줄기가 빽빽이 들어서 있고, 바닥은 낙엽 진 댓잎들로 수북히 덮여, 청아한 풍광에 서늘한 기운이 감돌며 간결한 여백으로 꽉 들어차니, 여유만 있다면 대숲 조경을 권한다.

강풍에 대나무 부딪치는 소리, 미풍에 댓잎 사각거리는 소리, 비 오는 날엔 댓잎에 빗방울 떨어지는 소리, 저녁 무렵이면 산비둘기를 비롯한 각종 새들이 보금자리 찾아드는 소리, 함박눈 내리는 겨울이면 눈에 못 이겨 대나무 부러지는 소리, 게다가 보름달이 뜨면 대숲 사이로 달빛이 쏟아져 내리고….

몇 해 전 바람 한 점 없이 떡눈이 펑펑 쏟아져 내리던 한밤중에, 힘 약한 대나무들이 활처럼 휘어지더니 여기저기서 대나무 부러지는 소리가 났다. 깜짝 놀라 자다 말고 뛰어나가 온몸에 눈을 뒤집어 쓰고 대나무마다 흔들어 대며 쌓인 눈을 털어내던 적이 있었다. 자정이 넘은 깊은 밤이었으니 누가 옆에서 봤으면 참 가관이었을 성싶다. 한밤중에 자다 말고 뛰쳐나가 눈 터는 재미는 나만이 간직한 희열이다.

유월 장마가 시작되면 여기저기서 죽순들이 쑥쑥 올라온다. 경계를 넘어온 죽순들은 꺾어다 나물로 올리면 식탁이 풍요로워진다. 근래에는 섬유질 풍부한 건강식품으로 인기가 높아, 냉장고에 저장해 두고 일년 내내 별미로 즐긴다.

죽순이 나오는 철에는, 아침이면 일어나 운동하고 돌아오는 길에 대숲 가를 한 바퀴 돌며 죽순 꺾어 오는 게 첫 일과다. 며칠 모아 두었다가, 무쇠솥에 삶아내 나물로 무치고 또 남는 것은 냉장고에 저장하고….

죽순은 하루에 삼십 센티미터까지도 자란다고 하며, 지구상에서 가장 빨리 크는 나무가 대나무라고 한다. 죽순이 나오기 시작해 대략 한 달

그 자체로 아름다운 정원을 이루는 집 뒤편의 대숲.

눈을 못 이겨 굽은 산책로의 대나무.

정도면 다 자라고, 그 후로는 단단해지기만 할 뿐이다. 당년에 자란 대나무는 맑고 짙은 녹색을 띠지만, 해가 갈수록 진한 녹색이 가라앉으며 햇볕 받는 부위는 조금씩 황금색을 띠어 가므로, 전문가들은 대나무 줄기 색을 보고 대략 몇 년이나 됐는지 가늠해낸다.

옛 어른들은, 죽순이 방독(구들장)을 뚫고 나올 정도로 뿌리가 성하므로 대나무가 집 가까이에서 번성하는 것을 꺼렸으나, 지금은 콘크리트 기초 위에 집을 짓기 때문에 그럴 염려는 없다. 단지 집주인의 취향에 따라 결정할 문제다. 이것은 큰 나무도 마찬가지다. 오히려 지붕 위로 나무 그늘이 지면 여름에 시원하고 운치도 있으니 좋지 않겠는가.

송이째 뚝뚝 떨어지는 야생 동백

나는 겨울이 따뜻한 남도 지방에서 태어나 자라게 된 크나큰 행운을 항상 감사하게 생각하며 살고 있다. 물론 후박나무, 구실잣밤나무, 먼나무, 녹나무, 돈나무, 가시나무, 유자나무, 밀감나무 등 난대식물(暖帶植物)들이 무성히 자라는 제주도나 남해안 일대에 비하면 좀 아쉽지만….

　제주도는 따뜻하고 습해서 나무들의 성장 속도가 빠를뿐더러, 나무를 옮겨 심어도 활착(活着)이 빠르고, 정원을 조성하고 몇 년 지나지 않아도 세월이 오래 흐른 듯 고사리를 비롯한 양치식물이나 이끼들이 현무암에 무성히 내려앉아, 생태 복원이 빠르다. 거기에 제주 수선이나 털머위들이 자리잡으면 깊은 겨울 눈 속에서도 수줍게 피어 있는 하얀 수선화를 대면하는 기쁨을 안겨 주는가 하면, 사계절 넓고 푸른 잎이 싱싱한 털머위가 늦가을이면 튼실한 꽃대를 밀어 올려 국화꽃 같은 노란 꽃들을 탐스럽게 피워내 다양한 풍성함을 안겨 준다.

　남도 지방 역시 춥고 삭막한 겨울에도 푸른 잎을 감상할 수 있는 대나무, 동백나무, 태산목, 금목서, 은목서, 동목서, 호랑이가시나무, 차나무 등의 상록수들이며, 논밭에 파릇파릇 자라고 있는 배추를 비롯하여 들판에 지천으로 널린 녹색의 각종 채소류와 봄나물들로 푸른 기운을 느낄 수 있고, 겨울철에도 먹을거리가 풍성해서 좋다.

　동백은 '겨울 동(冬)' 자를 쓰기 때문에 겨울에 피는 꽃으로 알려져 있

윤기 흐르는 녹색 잎 속의 붉은 자태, 집 앞 마당가의 동백나무.

지만, 사실 꽃이 흐드러지게 만개하는 것은 삼월이라야 한다. 천연 동백림을 주의 깊게 들여다보면 나무마다 개화 시기가 조금씩 다르다는 사실을 알 수 있다. 늦가을이면 한두 송이씩 피기 시작하는 동백을 '추백(秋栢)', 한겨울에 피기 시작하는 동백을 '동백(冬栢)', 이른 봄이면 피기 시작하는 동백을 '춘백(春栢)'이라고, 내 나름대로 분류해 놓고 시기별로 꽃이 피는 것을 감상하는 즐거움에 빠지곤 한다.

동백꽃은, 눈이 내려 하얀 눈 속에 푹 파묻혀 빼꼼히 내다보이는 붉은 동백꽃 한 송이만으로도 아름답지만, 동백꽃이 필 때면 어김없이 찾아와 꽃 속의 꿀을 따 먹는 동박새를 만나는 기쁨도 그만이다.

완연한 봄, 만개하여 송이째 뚝뚝 떨어진 꽃들이 동백나무 아래에 수북히 제멋대로 나동그라져 있는 정경은 동백꽃 감상의 절정이리라. 이 계절에는 월출산(月出山)의 백운동 계곡, 강진 백련사(白蓮寺), 해남 미황사(美黃寺), 대흥사(大興寺), 광양 백운산(白雲山) 옥룡계곡, 여수 오동도, 완도 난지 식물원, 거제 장사도 등 남쪽으로 훌쩍 여행을 떠나 보기를 권한다.

번식은 종자 파종과 꺾꽂이 두 가지 방법이 있는데, 나무 고유의 특성을 그대로 유지하고 발아가 잘되는 종자 파종을 권한다. 알사탕 크기의 둥근 열매가 가을이면 껍질이 벌어지는데, 그 속에 두세 개의 갈색이 도는 까만 동백 종자가 들어 있다가 떨어진다. 곧바로, 또는 이듬해 봄에 심으면 발아가 잘된다.

생김새가 차나무 종자와 아주 비슷하고, 생육 조건도 비슷해 햇볕도 좋아하지만 반그늘에서 더욱 잘 자라고 잎도 더 싱싱하게 윤기가 흐르므로, 큰 나무 주변이나 다른 나무들 사이에 어울려 심어도 좋다. 또한 옮겨 심으면 몸살이 심해 성장이 더디므로, 가급적 영구히 심을 장소에 미리 자리를 잡아 파종하는 것이 좋다.

묘목을 구입해 심더라도 제자리를 잡아서 심어야 빠르다. 몇 번 옮겨 심은 동백과 바로 종자를 심어 자라는 동백은 차이가 매우 크다. 동백도 대부분의 조경수들과 마찬가지로 가지치기를 하지 않고 자라는 대로 두어야 아름답고 자연스러운 수형이 형성된다.

뒤안 장독대 주변으로 동백나무 몇 그루와 울창히 우거진 대숲 속으로 오래된 산감나무라도 한 그루쯤 있어 까치밥으로 남겨진 붉은 홍시에 눈이라도 살포시 내려앉으면, 남도 정원의 백미가 아닐는지.

동백도 당연히 토종인 야생 동백이 최고다. 유럽이나 일본에서 개량되어 들어온 화사한 꽃 색깔의 겹동백이 의외로 조경수로 많이 심기고 있는데, 우리 것은 따뜻한 눈길 한번 제대로 받아 보지 못한 채 외국에서 들어온 것만 각광받는 안타까운 현실이다. 우리 한국 조경은 자연을 그대로 받아들여 가급적 자연을 훼손하지 않은 채 자연 속에 동화되어 자연과 함께 호흡하고 그 속에 살아가는 것 아니겠는가. 이미 우리 지역 환경에 적응하여 남아 있는 토종 야생화나 나무들을 외면하고, 굳이 유전자 조작을 해 새로운 품종을 만들 이유가 없다.

자연을 훼손하지 않은 채 토종 야생화나 나무들로 채워지고, 인위적으로 가지치기하여 억지로 수형을 만들지 않으며, 우리 전통의 생활문화가 그대로 녹아들어 있을 때 세계 속에서 당당히 한국 정원으로 우뚝 자리잡을 수 있지 않을까.

겹동백은 그대로 나뭇가지에서 시들어 가므로 칙칙하고 지저분하기 짝이 없는데, 토종인 야생 동백은 꽃이 송두리째 빠져서 지는 모습도 깔

장독대 가는 길에 연출된 아름다운 풍경, 떨어진 동백꽃 송이들.

끔하다. 야생 동백은 진한 붉은색으로(귀하지만 백동백도 있다), 윤기 흐르는 짙은 녹색 잎들 사이로 붉게 피어 있는 모습, 나무 아래 수북히 떨어진 동백꽃들의 광경은 얼마나 장관인지. 수백 년 묵은 동백 한 그루만으로도 조경은 충만할 수 있다.

열매와 꽃을 동시에 선사하는 차나무

차나무는 자라는 그대로 길러도 좋지만, 생울타리로도 그만이다. 지리산의 하동, 보성, 월출산과 제주도 등지의 대규모 녹차밭들이 관리하기 쉽도록 키 낮게 재배되는 것은, 일 년이면 몇 번이고 녹차를 수확해도 새순이 잘 나오기 때문이다. 설사 이상 한파로 인한 혹독한 겨울 추위로 차나무들이 동해(凍害)를 입어 지상부 가지의 잎들이 다 떨어지더라도, 뿌리만 남기고 바짝 잘라 주면 튼실한 새순이 나와 다시 무성해질 정도다.

　요즘은 높은 담장을 허물어 소통의 공간을 넓혀 가는 매우 바람직한 현상이 일고 있는데, 경계에 출처 모를 생뚱맞은 돌들을 지그재그로 쌓고, 돌 틈에 일본산 철쭉을 심기보다는, 차나무, 쥐똥나무, 광나무, 회양목, 사철나무, 탱자나무 등 키 낮은 관목(灌木)이나 강하게 가지치기를 해도 새순이 비교적 잘 나오는 나무들로 생울타리를 만드는 지혜가 필요하다.

　차나무는 추위에 약해 남부 지방이 안전하지만, 그늘진 곳에서도 비교적 잘 자라기 때문에 심을 수 있는 범위가 넓고, 큰 나무 아래나 대숲 속에서도 잘 자란다.

　대숲 속에 차나무를 심을 때는 가을에 채취한 차종자를 봄에 심는데, 대뿌리가 무성해 호미로는 힘들므로 쇠꼬챙이로 구멍을 내서 심으면

새하얀 꽃잎 속에 노란 수술을 간직한, 대숲 속에 피어난 차나무꽃.

발아가 잘된다. 또한 차나무는 큰 나무를 옮겨 심으면 몸살이 심할 뿐 아니라 몇 년 만에 찾아오는 이상한파에 동해를 입을 우려가 있기 때문에 장소를 정해 직접 심는 것이 좋다. 심을 장소에 멀칭(mulching)용 흑색 비닐을 깔고 한 뼘 정도 간격으로 구멍을 내 심으면, 잡풀이 나지 않아 관리가 쉬울뿐더러 토양 속에 적당한 습기를 머금고 있어 성장도 훨씬 빠르므로, 비단 차 종자만이 아니라 대부분의 종사 파종이나 어린 묘목을 심을 때 흑색 비닐 멀칭을 적극 추천한다.

나무가 몇 년 자라서 잡풀들과의 경쟁에서 이길 정도가 되면, 그때는 흑색 비닐을 걷어내고 낮게 예초해 주는데, 각종 키 작은 야생화들이 스스로 번져 나가 친환경적이면서도 매우 자연스러운 정원이 조성될 수 있다.

차나무는 삼사 년만 잘 키워도 차 수확이 가능해서, 봄에 새순을 따 녹차를 만들고 여름에는 황차를 만드는 재미도 빼놓을 수 없다. 대숲 속에서 이슬 먹고 자란 차를 죽로차(竹露茶)라 하여 차인(茶人)들은 매우 귀하게 취급한다.

특이하게도 차나무는 꽃과 열매를 동시에 감상할 수 있는 수종이다. 지난 늦가을에 피웠던 차꽃이 열매가 맺혀 일 년 만인 이듬해 늦가을에 차 열매가 성숙하여 떨어지는데, 이때 새 가지에서는 차꽃이 피어난다. 꽃무릇이나 상사화는 잎과 꽃이 영원히 만나지 못하지만 차나무는 평생을 열매와 꽃이 함께하니, 이 또한 오묘한 재미다.

새하얀 꽃잎 속에 노오란 수술이 가득찬 차꽃에 얼굴 가까이 다가가면 은은한 향기에 저절로 두 눈이 감기며 깊은 가을 속으로 빠져들리라.

죽설헌, 전원생활의 운치

뱀에게서 배우는 자연의 조화

사람들은 본능적으로 뱀을 싫어한다. 특히 여자들은 더하다. 죽설헌 정원에도 뱀들이 살고 있다. 개미, 거미, 개구리, 쥐 등과 각종 조류가 사는 건강한 자연 생태 환경이니, 먹이사슬이 저절로 형성되면서 뱀이 있는 것은 당연하다. 만일 뱀이 없다면 먹이사슬의 한 곳에 구멍이 나, 건강한 자연환경이 될 수 없을 것이다.

아내도 처음 한동안은 풀숲에서 뱀을 보고는 기겁하여 뱀이 지나갔던 자리는 아예 가지를 않고 피해 돌아다니곤 했는데, 지금은 뱀을 보면 "저리 가, 빨리 가, 너 안 보고 싶어"라고 중얼대며 가볍게 쫓으며 지나간다. 어느 날, 방문객들을 위해서 뱀을 잡아 버리려 했더니, 절대 잡지 말라고 아내가 되려 만류한다. 딸들도 "아빠, 절대 잡지 마, 응?" 하는 것이다.

마치 영역 표시라도 하는 양 군데군데 뱀이 허물 벗어 놓은 것을 종종 발견하게 된다. 탱자 울타리 위, 기왓장 사이, 길 옆 풀 속 등등.

한번은 이런 일도 있었다. 겨울이면 거실 깊숙이 햇볕이 들어올 수 있도록, 우리 집 남쪽 지붕을 유리로 해 놓았다. 겨울에는 햇볕이 바로 통과하도록 유리 지붕 위로 쌓인 낙엽들을 깨끗하게 치우지만, 여름에는 벽을 타고 올라간 능소화 가지들이 늘어져 그늘을 드리우고, 떨어진 꽃잎과 낙엽들이 그대로 쌓이도록 두곤 했다. 어느 날 지인들과 거실에 마

기왓담 아래 자생하는, 뱀이 좋아한다 하여 이름 붙여진 뱀딸기.

주 앉아 차를 마시며 담소하고 있었는데, 지인 한 분이 무심코 고개를 들어 유리 지붕을 올려다보다가 기겁하며 소리를 지르기에 올려다보니 쌓인 낙엽 사이로 구렁이 한 마리가 길게 늘어져 있질 않은가. 하얀 뱃살이 그대로 드러난 채…. 이건 너무하다 싶어 그 뱀을 잡아 버렸더니 전혀 예상치 못한 일이 벌어졌다.

집 바로 옆으로 아름드리 개호두나무가 두 그루 있는데, 지붕 위로 떨어진 개호두 열매들을 어떻게 천장으로 물어 갔는지 밤이면 천장에서 개호두 열매를 굴리며 달리는 쥐들 소리가 요란했다. 떼구르르…, 쿵쿵쿵…, 사각사각….

쥐를 잡아먹기 위해 뱀이 지붕 위를 기어 다녔는데, 뱀을 잡고 나니 대신 쥐들이 성한 것이다. 생태계의 균형이 깨지는 현상을 직접 경험한 후부터 자연을 바라보는 시각이 바뀌었다. '그래, 자연은 스스로 조절되도록 가만 놔두어야지, 인간의 생각으로 인간만을 위해서 자연을 파괴하거나 거스르는 행위, 쓸데없는 간섭을 해서는 안 되는구나' 하는 확신을 갖게 되어, 죽설헌 정원도 최소한의 불가피한 손질만 가할 뿐 가급적 그대로 놔두고 바라보는 쪽으로 관리한다.

지나치게 풀이 무성해지면 적당한 높이로 예초해 줄 뿐이다. 그늘진 산책길에는 질경이가, 큰 나무 아래 그늘진 곳으로는 주름조개풀, 소엽맥문동, 달개비 들이, 햇볕이 잘 쬐는 곳으로는 봄까치꽃, 민들레, 제비꽃, 뱀딸기, 토끼풀, 자운영 들이, 그리고 약간 습한 곳으로는 미나리아재비, 가락지나물 들이 각자 영역을 확보해 자리잡아 간다. 연못 안에는 물수세미, 자라풀, 모람, 부들 같은 수생식물이 퍼져 나가고, 물 위로는 소금쟁이가, 그 위로는 잠자리들이 분주하다.

물속에는 우렁, 미꾸라지, 피라미, 붕어, 메기, 가물치 같은 토종 물고기들이 있고, 물 주변으로는 청개구리, 참개구리, 황소개구리, 두꺼비, 꽃뱀, 물뱀, 구렁이 들이 살아가고 있으며, 연못 옆 왕버드나무 숲에는 물총새, 왜가리, 재두루미 들이 날아든다. 나무들이 우거져 습한 그늘 속에는 민달팽이들이 느리게 기어 다니는데, 통유리창으로 구불구불 기어 다닌 자국을 남기는 이놈들이 욕실 안에까지 쳐들어와 귀찮게 굴기도 한다. 가끔씩 청개구리들이 창문에 붙어 있는 광경도 볼 수 있다.

창포 잎이나 나뭇가지에는 각종 거미들이 저마다 거미줄을 치고 느긋하게 먹이를 기다리고, 더운 여름엔 시끄러울 정도로 매미들이 울어 댄다. 봄이 되어 논에 물을 잡아 놓을 때부터 모내기 때까지 한밤중에 한꺼번에 울어 대는 개구리 울음소리는 자연의 오케스트라다. 이보다 더 자연스러운 화음을 어느 음악홀에서 들을 수 있으랴.

멧새, 참새, 직박구리, 물까치, 어치, 비둘기, 뻐꾸기, 딱따구리, 소쩍새, 꿩, 물오리, 원앙 등의 각종 조류들이 철따라 날아들고, 개호두, 호두, 밤이 익어 갈 때면, 청설모도 가지를 오르내리며 바쁘다.

이 모든 것들을 전혀 기획하거나 의도하지 않았는데, 저절로 저희들이 알아서 생태계를 이루어 나가니, 날마다 산책길을 걸으며 마냥 흡족하고 즐거워 자연에 무한히 감사할 따름이다.

자정 넘은 깊은 밤, 그림 그리다 잠시 붓을 놓고 집 앞 저수지 뚝길을 걸으면, 밤하늘에는 별똥들이 쏟아져 내리고, 이름 모를 각종 풀벌레 소리는 귓가를 맴돈다.

새벽 이슬을 머금은 거미줄

세상의 모든 이치가 동전의 양면과 같다. 양지가 있으면 음지가 있고, 얻는 것이 있으면 또한 그만큼 잃는 것이 있게 마련이다. 자연 생태 정원을 지향하다 보니, 여름에는 모기가 극성이고, 가끔씩 뱀들도 나타나 여자들을 깜짝 놀라 나자빠지게 하고, 늘상 다니는 길에는 자고 일어나면 거미줄이 쳐져 있다.

사람들은 집 뒤로 대밭이 있어 모기가 성하다고들 하지만, 특별히 대밭에만 모기가 많은 것이 아니라 방제(防除)를 하지 않으면 숲 속엔 어디나 성하기 마련이다. 특히 죽설헌 주변은 죄다 배 과수원이라 수시로 농약을 쳐 대서 모기 한 마리 없지만, 죽설헌만은 그러지 않으니 새들의 천국이고 동시에 거미나 모기의 천국이기도 하다. 면사무소에서 가끔 마을로 방역을 나오지만, 트럭에 부착해 다니기 때문에 이곳은 별 도움이 안 된다.

생각다 못해 휴대용 방제기를 면에서 빌려 왔다. 경유에 모기약을 타서 분무하는 방식으로 하얀 연기를 잔뜩 뿜어내 시각적으로는 그럴듯해 보이지만, 이 또한 환경을 오염시키는 터라 청정 채소를 밥상에 올리는 데 꺼림칙했다. 지금은 새로 개발한 전기 분무기를 쓰는데, 물에 모기약을 희석해 분무하는 방식이다. 가끔씩 모기가 창궐하면 방제하느라 일이 늘었다. 여름에 이놈의 모기만 아니어도 살 만할 텐데.

거미줄이 유난히 많은, 대숲으로 올라가는 길.

등나무 주차장에서 집으로 들어오는 입구에 사십 년 자란 메타세쿼이아 네 그루가 한 아름이 훨씬 넘도록 잘 자라 제법 풍성함을 안겨 주고, 서리삼나무, 단풍나무, 모과나무, 은목서나무가 우거진 사이를 지나면, 왼쪽으로 탱자나무 울타리, 오른쪽으로 꽝꽝나무들이 늘어선 좁은 길로 이어진다. 둘이서 나란히 걷기는 불편하고 혼자서 걸어야 될 정도다. 바닥은 강 자갈을 깔아 사각거리고, 자갈 사이사이로는 이미 질경이들이 점령한 지 오래다.

그 뒤쪽 너머로는 감나무, 동백나무, 태산목, 모과나무, 자목련, 매화나무, 자두나무, 은목서, 동목서 들이 들어차 있는데, 거미들이 이 길에 밤새 거미줄을 쳐 대서 아침이면 지날 때마다 거미줄을 걷어내야 한다. 하필이면 거미줄들이 키 높이에 많아, 눈에는 잘 보이지 않지만 자꾸만 얼굴에 묻어난다.

요령이 생겨 대나무 가지를 집 마당 끝과 주차장 입구 기왓담 위에 준비해 두었다가, 나갈 때와 들어올 때 대나무 회초리로 거미줄을 치우며 걷는 것이 죽설헌에서의 생활상이다. 불편하게 생각될지 모르나, 습관이 되다 보니 거미줄도 당연하게 받아들여져 별로 귀찮은 줄 모르고 산다. 밤마다 새로 거미줄을 쳐 대는 거미들에게는 좀 미안한 일이지만, 그래도 서로 함께 살아가려면 거미들도 이해해 줘야 한다.

이 녀석들이 주인의 심경을 십분 이해한다면, 좀 더 높은 나뭇가지 쪽으로 이사해 살면 좋으련만.

주인에게 충직한 진돗개

나는 진돗개를 참 좋아한다. 묶어 두지 않고 기르니, 개들은 제멋대로 뛰어논다. 낯선 사람이 오면 요란스럽게 잘도 짖어서 방 안에서도 바로 알 수 있다. 충직하고 영리하고 주인을 잘 따르며, 외출했다 돌아오면 제법 멀리 떨어진 마을 입구를 지날 때부터 자동차 엔진 소리만 듣고도 달려나와 앞서거니 뒤서거니 반가워 난리를 치니 정들지 않을 수 없다.

무엇보다 좋은 점은, 사람을 향해 요란하게 짖기만 할 뿐, 마구 달려들어 해치려 하지 않는다는 점이다. 외국에서 들여온 도사견 같은 개는 주인에게까지 달려들어 해하는 경우가 있어 언제고 안심할 수가 없다. 특히나 노인이나 어린애들이 있을 경우에는 더욱 그러하다.

그에 비해 진돗개는 새끼 때 잠시 묶어서 기르다가 주인을 잘 알아보면 풀어 주고, 밥도 하루에 한 번만 사료를 주면 되니, 크게 신경 쓸 일이 없다. 정원 아무 데나 똥을 싸면 그대로 거름이 되고, 며칠씩 집을 비우더라도 적당량의 사료를 한꺼번에 부어 놓고 가면 돌아올 때까지 끄떡없다.

한 가지 흠은 동네 밖까지 제멋대로 뛰어다니다가 쥐약을 먹거나 사고로 죽는 경우가 가끔씩 생기는 것이다. 그때마다 아내와 애들은 울면서 속상해하지만, 자연의 이치려니 체념하며 받아들이는 수밖에. 한편으로는 묶어 길러서 감옥살이시키는 것보다는 차라리 위험이 좀 따르

죽설헌 생활에 또 하나의 기쁨을 주는 진돗개, 깜순이와 진돌이.

더라도 맘껏 뛰놀도록 놔두는 것이 개에게 더 나으리라는 생각에서다. 개들이 죽게 되면 모두 다 정원의 나무 옆에 묻어 준다. 그대로 수장(樹葬)해 주는 것이다. 아끼는 나무 옆에 묻으면 자연스레 거름이 되어 나무도 잘 자라게 되니까, 개에서 나무로 이어지는, 지극히 간단한 자연의 순리이지 않겠는가. 진돌이, 진순이, 깜돌이, 깜순이, 순돌이, 순진이…. 딸들은 야생화 꺾어다 꽂아 주고는 며칠을 왔다 갔다 하며 눈이 퉁퉁 부으니, 가급적 딸들 몰래 묻어 주곤 한다.

한번은 진돗개만 연구하는 지인에게서 흰색 진돗개 수놈을 가져다 길렀는데, 어찌나 영리하고 잘생기고 주인을 잘 따르며 집을 잘 지키는지, 처음으로 진돌이라는 이름을 지어준 개였다. 성견(成犬)이 되자 동네는 물론 이웃 동네까지 돌아다녔는데, 어찌나 사납고 야성이 강한지 웬만한 수캐들이 떼거리로 덤벼들어도 못 당하니, 곧바로 서열이 정해져 온 동네 암캐들은 전부 녀석의 독차지가 됐다. 그래서 나는 "세상 부러울 게 하나도 없는데, 오직 우리 집 저놈, 진돌이는 부럽다"고 지인들에게 한바탕 웃음을 안겨 주곤 했다.

그런 통에 동네 개들 모두가 흰색 새끼들만 낳아서, 다들 개 종자 망쳐 놨다고 야단들이었다. 구탕용(狗湯用)으로 팔려면 덩치 큰 누렁이라야 제값을 쳐 주기 때문이다. 벌써 십 년이 훨씬 지난 일인데도 아직도 흰 개들이 집집마다 쫙 깔려 있다.

진돌이 녀석은 가끔 말썽도 부려, 동네 토끼장이며 닭장 속으로 기어 들어가 죄다 물어 죽여 변상도 해 주어야 했다. 동네 개가 발정 나면 아예 그 집에 눌러앉아 사는 통에, 며칠씩 외박하는 일도 잦았다. 어떤 때는 보름이 넘을 때까지 들어오지 않아 나가서 죽었거나 개장수에게 잡혀 갔으려니 포기하고 있으면, 뜬금없이 눈이 핼쑥하니 비틀거리며 들어오기도 했다. 한번은 동네 수캐들에게 집단으로 물어뜯겨서 온몸이 피투성이가 되고 눈이 부어 들어온 적도 있었다.

개를 오랫동안 기르다 보면 별놈들 다 보게 된다. 그래서 이제는 아예 혈통도 따지지 않고 그냥 진돗개 물만 먹었다 싶으면 상관하지 않는다. 사고를 대비해 서너 마리씩 기르지만, 수캐는 한 마리만 기르고 나머지는 모두 암컷이다.

수캐란 놈은 발정 난 암캐 쫓아가 며칠씩 안 들어오는 것이 꼴 보기 싫지만, 암캐는 충실히 집을 잘 지키고 새끼 낳는 즐거움을 준다. 또 새끼 팔아 사료값이라도 충당해 주니 말이다.

죽설헌의 유일한 화분, 군자란

나는 분재(盆栽)를 선호하지 않는다. 나무의 특성을 무시한 채 오로지 인간의 시각으로 손질을 가하는 행위를 싫어하기 때문이다. 마음껏 뿌리를 뻗어 나갈 수 없는 열악한 좁은 공간에서 물과 영양을 강제로 공급받으니, 사람으로 치자면 팔은 팔대로 발은 발대로 머리는 머리대로 잘리고 뒤틀려, 그야말로 상처투성이의 장애인으로 만들어 가는 것과 무엇이 다르겠는가.

자연의 열악한 환경 속에서 오랜 세월 버티어 살아온 끈질기고 강인한 생명력에 감동하여 보호해 주며 감상하는 것과, 오로지 인간의 잣대에 맞춰 미적 감각을 자극하기 위해 인위적으로 만들어 가는 것은 전혀 다른 것이다. 한때 너도 나도 전국의 산야와 섬에서 분재용 나무를 몰래 캐느라, 얼마나 많은 나무들이 잘려 뽑히고 파헤쳐졌는지!

요즘은 야생화에 대한 인식과 인기가 높아져서, 산야에서 자생하는 것을 무분별하게 마구 파 오지 않아도 대량으로 번식시킨 야생화들을 화원에서 손쉽게 구할 수 있다. 한때는 전국 산야의 야생화들이 수난을 당했지만, 그런 일이 점점 줄어들어 얼마나 다행스러운지 모른다.

산행하다 혹여 예쁜 야생화를 발견하더라도, 순간의 욕심에 꺾거나 뽑아 오지 말고 점차 주변으로 퍼져 가도록 그 자리에 가만히 내버려 두어야 한다. 뽑아 와 집 안에 심어 봤자 죽을 확률이 매우 높다. 화원에서 모종판에 잘 가꾸어진 야생화는 가꾸기도 쉬울뿐더러 가격도 저렴하지 않은가.

죽설헌에 있는 유일한 화분은 군자란(君子蘭)이다. 우연히 인연이 되어 들여온 군자란 분 하나를 이십 년 넘게 키우다 보니 여러 포기로 번성해, 한 화분에 덜렁 군자란 하나 있는 것과는 비교되지 않을 정도로 풍성해졌다. 그래서 겨울에는 군자란이 있는 벽난로 옆 한편이 생기가 돈다. 실내에서 따뜻한 햇살 받는 이월이면 어김없이 한 화분에서 여러 개의 꽃대들이 올라와 분홍색 꽃들로 꽉 들어찬다.

실내의 화분에 심은 식물들도 자연환경을 가장 좋아한다. 늦서리 피해가 없는 오월 초에 정원의 그늘진 나무 아래쪽에 땅을 파고 군자란 화분을 절반 정도 묻어 두면, 여름내 비바람 맞으며 자연 상태로 자라니 생육이 아주 좋고 화아분화(花芽分化)도 잘되어, 매년 거르지 않고 풍성한 꽃을 볼 수 있다.

주의할 점은, 잎이 너무 강한 햇볕을 받으면 화상을 입게 되므로 반그늘에 두어야 싱싱한 푸른 잎을 유지할 수 있다. 대부분의 다른 화분들도 가능하다면 노지의 땅 위에 놔두면, 생육도 좋고 자주 물 주는 번거로움을 줄일 수 있어 관리하기도 훨씬 쉽다.

다만, 군자란은 노지에서 월동이 불가능하기 때문에 가을 첫서리가 내리기 전에 실내로 들여놓아야 한다. 깜박 잊고 서리를 맞히면 하루 아침에 죽어 버릴 것이니 반드시 주의해야 한다.

대부분의 화분은 비료나 물을 너무 자주 주어서 잘못될 확률이 매우 높다. 군자란 뿌리는 난초 뿌리와 비슷해서, 건조함은 잘 견디지만 습하면 뿌리가 썩기 쉽다. 화분 표면의 흙은 말랐어도 화분 속엔 습기가

분홍빛 꽃과 무성한 잎으로 풍성함을 선사하는, 실내에서 화분에 키우는 이십여 년 된 군자란.

있다는 점을 항상 염두에 두어야 한다. 죽설헌의 싱싱한 군자란은 가을에 실내로 들여놓은 이후로 한 달에 딱 한 번씩만 미지근한 물을 충분히 줄 뿐이다.

무공해 채소의 산실, 비닐하우스

농약을 사용하지 않은 신선 채소를 일 년 내내 식탁 위에 올리려면 자그마한 비닐하우스를 갖추는 게 좋을 것이다. 자급할 수 있는 비닐하우스는 열 평에서 스무 평 정도면 충분하다. 이처럼 작은 면적에서도 알뜰하게 관리만 잘 해 주면 가까운 지인들에게까지 나눠 줄 정도로 풍성한 채소를 수확할 수 있다. 한겨울에도 방금 뜯어 온 신선한 채소를 식탁 위에 올릴 수 있는 것은 시골에서 사는 재미 가운데서도 백미다. 그래서 전원생활을 풍요롭게 즐기려면, 아궁이에 불을 때는 온돌방과, 조그만 비닐하우스(유리 온실이면 더 좋다)는 반드시 필요하다.

요즘은 비닐의 내구 연한이 길어서 삼 년에서 오 년은 거뜬히 견디므로, 한 번 시설만 해 놓으면 크게 번거로울 것이 없다. 여기에 인공 관수(灌水) 시설을 해 놓으면, 파종 후 발아도 잘되고 성장도 매우 빨라 신선 채소를 수확하는 재미에 점점 빠져들게 된다.

노지에서는, 종자를 뿌리고 나서 비가 안 오면 싹이 잘 트지 않고, 비가 너무 와도 어린 싹이 녹아 버려 실패하기 쉬울뿐더러, 새싹이 나와도 성장이 더디고, 병충해와 잡초 관리 등 생각보다 어려움이 많다. 반면 비닐하우스는 온도와 습도를 적당하게 조절할 수 있고 관리가 쉬워 노지보다 훨씬 적은 노력에도 두세 배 빨리 자랄 뿐만 아니라 수확량도 많다. 토란, 감자, 고구마, 고추, 오이, 가지, 토마토, 들깨, 부추, 갓, 김장

각종 녹색 채소가 사시사철 자라는 비닐하우스.

용 무와 배추 등은 노지에서 재배하더라도, 얼갈이열무, 배추, 상추, 쑥갓, 치커리 등 신선 채소는 비닐하우스에서 재배하는 것이 좋다.

종묘상(種苗商)에서 그때그때 시기에 맞춰 종자를 사다가 파종하고 자동 시설로 충분히 물을 주고 난 후 며칠 지나면, 파릇파릇 싹이 터 나와 날마다 쭈그리고 앉아 들여다보는 재미가 쏠쏠하다. 얼갈이열무나 배추 종자를 한꺼번에 다 뿌리지 말고, 보름에서 한 달 간격으로 나누어 파종하면 좋다. 어린 싹이 자라면서 싹 채소를 뽑아 식탁에 올리기 시작해, 열무나 배추가 자라기 시작할 때쯤이면 나중에 파종한 종자가 싹이 트고 자라기 시작하므로, 끊임없이 신선한 열무나 배추 수확이 가능하다. 상추는 가을에 파종하면 겨우내 신선한 상추를 밥상에 올릴 수 있다.

가을에 마늘을 심어 놓으면 겨울부터 이른 봄까지 풋마늘이 떨어지질 않고, 보리를 파종해 놓으면 파릇파릇한 보릿국을 겨우내 언제고 맛볼 수 있다. 거기에다 파종하지도 않은 곤반부리 같은 야생 나물이 들어와 자란다면 뜻밖의 즐거움을 누릴 수 있다.

시중에서 파는 비닐봉지에 한 묶음씩 보기 좋게 포장된 채소와 어찌 비교할 수 있겠는가. 검증된 무공해 신선 채소는 그냥 바라만 봐도 여유와 풍요로움 그 자체다.

죽설헌표 돌탑

산을 좋아해 자주 산에 오른다. 산에는 발자국조차도 남겨서는 안 된다
는 생각으로 병뚜껑 하나, 밀감 껍질 한 조각이라도 흘릴까 싶어, 작은
배낭에 플라스틱 물병, 보온 물병, 과일, 컵라면 하나와 쓰레기를 담을
비닐봉지를 챙긴다.

등산로 옆 바위 위에 흔적을 남기거나 소원을 비는 마음으로 작은 돌
들을 층층히 쌓아 놓는 것을 흔히 볼 수 있는데, 내가 그것들을 허물면
서 지나가면 아내는 괜한 데까지 신경 쓴다고 한다. 정말이지, 가급적
자연에 흔적을 남겨서는 안 된다.

등산객의 편리를 도모한답시고 방부목(防腐木) 계단을 설치하거나,
곳곳에 쉼터나 운동기구 등 불필요한 시설물들을 만듦으로써, 자연이
점점 훼손되고 있다. 우리가 산을 찾는 것은 편리함을 누리고자 함이 아
니라, 다소 불편하더라도 훼손되거나 오염되지 않은 장소에 몸을 담그
고 호흡하며 그 속에서 잠시나마 복잡한 세속을 잊어버리고자 함이 아
니겠는가.

드러난 나무뿌리는 그대로 밟고 지나면 된다. 오랜 기간 노출된 뿌리
는 밟혀 죽더라도, 나무는 이미 다른 곳에 그 뿌리를 대신할 또 다른 뿌
리를 뻗어 가고 있는 것이다.

물론 이런 말을 하는 것은, 사십여 년 동안 나무를 가꾸면서 조금은

화실 창밖으로 보이는, 대숲 아래 조성해 놓은 돌탑.

세월의 흔적을 간직한 돌을 모아 대숲 언덕에 만들어 놓은 돌탑.

나무를 알게 된 탓이다. 멀쩡한 나무의 뿌리를 절단해 가며 불과 수년 후면 썩을 방부목으로 계단을 설치하는 행위는 반드시 금지돼야 한다. 등산로가 빗물로 패일 위험이 있거나 땅이 질퍽거리면, 그 주변에 산재되어 있는 자연석을 간격 맞추지 말고 적당히 깔아 주는 게 훨씬 자연친화적일 것이다. 등산을 자주 해 보면 안다. 간격 맞추어진 계단이 얼마나 피곤하게 하고 균형을 깨트리는지를.

편리를 도모한답시고 필요 이상으로 설치한 철제 계단 또한 경사지 바위틈을 타고 오르내리는 스릴을 없애 버리는 어리석음이 아닐까. 그야말로 최소한의 시설에 그치기를 바라는 마음은 비단 나만이 아니리라. 오르기 힘든 곳은, 멀리서 바라보는 것으로 정상에 오르는 것 못지않은 기쁨을 가져다 줄 것이다. 가능하면 땀 흘려 정상에 오르는 것이 좋다. 힘이 부친다고 케이블카를 타고 오르기보다는, 오를 수 있는 데까지만 오르거나 산 아래서 느긋하고 여유롭게 눈앞에 펼쳐진 대자연의 산야를 관조하면 된다. 그것이 곧 대자연의 이치이고 순리이지 않을까.

나는 죽설헌에 돌탑을 쌓고 싶었다. 산을 허물어 대규모 산업단지를 조성하는 계곡에서 이끼 끼고 바위꽃 피어나 오랜 세월이 내려앉은 돌을 골라, 탑을 세울 만한 편평하고 각진 크고 작은 돌들을 틈나는 대로 지프차 트렁크에 실어다가 탑을 쌓았다. 요리조리 몇 번이고 쌓았다 허물었다를 반복하다 보니 제법 그럴싸한 죽설헌표 돌탑들이 완성되었다. 여기에 세월의 이끼가 내려앉게 된다면 훨씬 고즈넉해지리라.

전원생활에 운치를 더해 주는 벽난로

둘째 딸아이가 태어나고 일 년 후에 지금 살고 있는 집을 지었나. 그 애가 올해 서른하나이니 벌써 삼십 년 전의 일이다. 농촌 주택 개량 자금 칠백만 원을 융자받아 스물다섯 평의 집을 직접 설계하고, 이웃 동네 목수, 미장 일 하시는 분들을 모셔다 직영(直營)했다. 아내의 고생이 참 많았다. 이른 아침부터 일 시작하면 오전에 새참, 술참, 그리고 점심 먹고 나면 또 술참, 새참, 저녁밥까지 준비해야 하고, 부엌일이 끝나기가 무섭게 틈틈이 작업장에 뛰어들어 벽돌과 자재를 나르는 자질구레한 뒷심부름을 하며 세 살짜리와 한 살짜리 두 딸을 돌봐야 했으니….

그때는 어떻게든지 더 이상 빚을 내지 않고 융자받은 돈으로 집을 완성시키느냐에만 온 관심을 기울였기에 단열에는 별로 신경 쓰지 않았는데, 막상 살아 보니 불편하기 짝이 없어 후회막급이다. 차경(借景)에 신경 써 창문을 크게 내면서도 경비를 줄이기 위해 이중으로 하지 않고 홑창으로 했으니, 한겨울이면 벽에는 냉기가 흐르고 창틈으로는 황소바람이 술술 들어온다. 지나고 보니 서두르고 비용 줄이려 했던 게 결국은 비싼 수업료를 지불한 셈이다.

집 지은 지 팔 년 만에, 화실이 좁아 집 뒤편으로 다시 화실을 달아내듯 짓고, 겨울 난방을 위해, 또 운치도 느낄 겸 벽난로를 설치했다. 거실 동쪽 벽면으로 평평한 넓은 바위를 받침으로 하여 황토와 고기왓장을 이용해 벽난로를 만드니 거실 분위기와 잘 맞아떨어진다.

점화식을 자축하자며 아내와 거품 넘치도록 맥주를 따라 잔을 부딪치고 불을 붙였다. 아뿔싸! 연기가 굴뚝으로 나가지 않고 아궁이로 죄다 빠져나와, 순식간에 거실이 연기로 가득 차 오소리라도 잡을 지경이 되었다. 몇 번을 뜯었다 고쳤다를 반복하고 나서야 연통을 수직에 가깝도록 크게 설치해야 하는 벽난로의 기본 원리들을 터득하게 되었다. 그래서 어깨너머로 훔쳐본 이론보다는 경험이 중요하고, 전문가가 따로 있는 것이다.

불이 활활 잘 타 들자 가까운 지인들을 불러 신나게 고구마를 구워 먹을 여유가 생겼고, 몇 년을 지내다 보니 슬슬 열효율을 따져 보게 되었다. 무쇠 난로에 갈탄이나 장작불을 지피면 가까이 다가설 수 없을 정도로 뜨겁다. 넓은 공간이라도 한편에 작은 무쇠 난로 하나 있으면 한겨울 추운 날씨도 끄떡없이 버텨낼 수 있다는 것을 알게 됐다. 외형만 그럴싸하지 밤새 불을 지펴도 벽난로 앞만 따뜻할 뿐 등짝은 시린, 그러니까 실내의 따뜻한 공기가 계속 아궁이 속으로 빨려 나가 버려서, 그야말로 열효율은 형편없는 벽난로를 교체하기로 결정했다.

시중에 판매되는 무쇠 난로는 디자인이 너무 획일적이고 몇 가지 문제점이 있어 직접 디자인하여 철판 난로를 제작했다. 벽난로는 수시로 땔감을 넣어 주어야 하는 것이 가장 귀찮다. 일단 불이 붙고 나면 작은 장작은 금방 타 버리므로, 가급적 쪼개지 않고 덜 마른 생나무를 통째로 넣어야 다음 날 아침까지 불이 꺼지지 않는다.

그래서 아궁이 문은 큰 통나무가 그대로 들어갈 수 있도록 크게 만들고, 여기에 강화유리를 끼워 넣으니 타는 불꽃을 바라볼 수 있어 운치가

창 너머로 대숲이 보이는 거실에 설치한 철판 벽난로.

그만이다. 가끔씩 유리의 그을음을 닦아 주어야 하는 번거로움은 감수해야 한다.

　벽난로를 바꾸고 난 후 거실 난방은 해결됐지만 땔감 조달이 문제였다. 소나무 타는 냄새, 사과나무, 자작나무 타는 소리 등은 그야말로 겪어 보지 않은 호사스런 수다들이다. 하지만 겨우내 밤낮없이 불 꺼트리지 않고 유지하려면 이것저것 가릴 여유는 못 부린다. 참나무가 화력이 강하고 오래 타며 연기도 적게 나와 으뜸이지만 구하기가 쉽지 않고 가격도 비싸다. 가급적 비용을 절감하려니 인근 과수원에서 전정(剪定)할 때 잘라낸 둥치, 야산의 죽은 소나무, 건설 폐자재 등 닥치는 대로 구해 놓는다. 아내는 차 타고 지나면서 큰 나무만 넘어져 있어도, "워메, 저 나무!" 중얼대며 눈을 떼지 못한다.

　다행히 요즘엔 제재소를 운영하는 후배에게서 자투리 목재들을 실어다 집 뒤 빈터에 쌓아 놓으니, 안 먹어도 배불러 추운 겨울을 가장 편안하고 따뜻하게 보낸다. 어쩌다 지인을 통해 삼림 작업하는 현장에서 간벌(間伐)한 폐목도 실어 온다.

　벽난로 공기 흡입 구멍을 놓고 아내와 항상 신경전을 벌인다. 나는 불이 목숨만 붙어 있을 만큼 막아 놓고, 아내는 확 열어 놓는다.

　서랍식으로 고구마를 구울 수 있도록 해 놓아서 지인들이 찾아오면 군고구마에 구절초차, 녹차, 황차 등을 마시며 환담을 나누면 시간 가는 줄 모른다. 매년 고구마를 심어 자급하는데, 요즘은 호박고구마가 인기가 높다. 일반 고구마보다 수확량은 적지만, 맛이 좋아 한번 길들여진 입맛을 바꾸기가 쉽지 않다. 양을 따질 것인지 맛을 따질 것인지 한정된 적은 면적에 고구마 심어 자급하려니 망설이게 되지만, 그래도 맛 좋은 호박고구마를 선택하게 된다. 이제는 지인들이 고구마를 들고 와 겨울이면 벽난로 옆에 고구마가 박스로 쌓이니 아예 고구마를 심지 않는다.

시골 생활의 백미, 온돌방

뭐니뭐니 해도 한겨울 시골 생활의 백미는 뜨끈뜨끈한 아랫목에 허리 지질 수 있는 온돌방이다. 하루 종일 노동으로 녹초가 되었더라도 이 절 절 끓는 온돌방에서 하룻밤 지나고 나면 언제 그랬냐는 듯이 몸이 개운 하고 가벼워진다. 경험해 보지 않으면 모른다. 한번 온돌방 생활을 해 보면, 실내 공기만 따뜻한 아파트에서는 하룻밤도 견디기 힘들어진다. 이불 속 방바닥은 절절 끓지만 코끝은 시원한 시골 주택의 온돌방에서, 어찌 감기니 아토피니 하는 것들이 있겠는가.

비록 땔감을 준비해야 하고 매일 한 번씩 불을 때야 하는 번거로움은 있지만, 이 온돌방의 매력을 한번 맛보게 되면 그까짓 수고쯤이야. 쭈그 리고 앉아 불을 지피면 원적외선의 영향으로 부인병도 없다 하지 않는 가.

가마솥의 끓는 물을 퍼다가 세수도 하고, 메주 만들기 위해 콩 쑤고 장 달이는 일 등도 해결된다. 잡다한 쓰레기도 분리해서, 썩는 것은 퇴 비장에 버리고 태울 수 있는 것은 아궁이에 넣는다.

시간을 돈으로 환산하는 자본주의 사회에서 경제 논리로만 따지자면 얘기가 안 되겠지만, 세상사 모든 것을 어찌 경제 논리로만 적용시킬 수 있으랴. 빠름의 미학이 있다면 반대로 느림의 미학도 있지 않겠는가.

나는 몇 번의 시행착오 끝에 지금의 온돌방 생활을 즐기고 있다. 처음

262

에는 방바닥을 시멘트로 미장질하고 시멘트 포대 종이를 발라 마무리했다. 여기에 콩물을 먹이려고 아내가 여기저기 수소문해 보았지만 그저 막연하게 생콩과 들깨를 사용한다는 것만 알 뿐, 실제로 생콩과 들깨를 어느 비율로 어떤 방법으로 해야 하는지 정확하게 아는 이를 만나지 못하여, 결국엔 아내가 몇 번의 시행착오를 거쳐 나름대로 터득하게 되었다.

당시에는 시멘트가 인체에 해롭다는 생각도 없이 살다가, 고래가 막혀 방을 다시 뜯게 되었을 때 문화재 보수하는 팀에게 의뢰했다. 아랫목에는 이중 구들을 설치하여 센 불을 지펴도 타는 것을 방지하면서 고르게 방이 따뜻함을 유지하게 하고, 시멘트를 일절 사용하지 않고 집 주위에서 황토를 퍼다 잘게 썬 짚을 섞어서 방바닥 미장질을 마무리했다.

역시 시멘트 포대 종이와 사료 포대 종이를 겹쳐 발라 마무리하고 콩물을 먹이는 데까지는 좋았는데, 시간이 흐르다 보니 표면이 떨어지면서 황토가 부스러지고 굵은 모래가 방바닥에 구멍을 냈다. 걸어다닐 때그 구멍 사이로 흙먼지가 폴폴 새 나왔다.

그럴 때마다 아내가 일일이 종이를 잘라 구멍을 때웠는데, 몇 년 지나니 누더기 승복처럼 자연스레 패치워크 모양으로 연출되어 의도하지 않은 '작품'이 만들어졌다.

그러다 몇 년 전에 또 고래가 막혀 다시 방을 뜯게 되어, 이번엔 다시는 방을 뜯지 않을 요량으로 구들을 놓을 때 불길 통로를 아주 깊게 파서 처리했다. 물론 지푸라기에서 장작으로 땔감을 바꿔야 타고 남은 재의 양이 적어 고래 막힘을 오래도록 늦출 수 있을 것이다.

아랫목엔 넓고 두꺼운 구들장으로 이중 구들을 놓고, 황토에 잘게 썬 짚을 섞어 물을 부어 잘 밟아 사용했다. 마지막 미장질할 부분은 생석회를 섞어 단단한 강도를 유지시켰다. 처음 이삼 일 동안은 서서히 불을 지피다 점점 불의 강도를 높여 보름 이상 충분히 방바닥을 말려야 바닥에 바른 종이가 둥둥 뜨지 않게 된다.

결국 온돌방도 벽난로처럼 몇 번의 시행착오와 수업료를 지불한 셈이다. 가장 빠르고 비용이 적게 드는 방법은 그 분야의 전문가를 모시는 일이다. 당시는 비용이 많이 드는 것 같지만 지나고 보면 가장 저렴한 비용에 시간 낭비를 최소로 줄일 수 있는 첩경임을, 우둔한 나는 몇십 년 지나고 나서야 터득하게 되었다.

추운 겨울에는 매일 장작을 두 아궁이 정도 가득 밀어 넣어야 아랫목이 절절 끓지만, 이른 봄이나 늦가을에는 매일 한 아궁이 정도로 불을 약하게 때도 종일 아랫목이 따뜻하기 때문에, 석양 무렵이면 정원의 이 구석 저 구석 돌아다니며 죽은 나뭇가지를 주워다가 아궁이에 불 때는 것이 아내의 하루 마지막 일과가 됐다.

무쇠솥에 물을 가득 채워도 펄펄 끓으니, 저녁에 식구들은 그 물을 퍼다 세수하고 샤워도 한다. 아내는 알뜰하게 설거지 물로도 사용한다. 부엌 바깥 아궁이에서 양동이에 끓는 물을 가득 채워 실내 식당을 거쳐 욕실로 운반해야 하니 불편함이 있지만, 집 짓고부터 그렇게 살아와 으레 그러려니 딸들도 불평 한 번 하지 않은 채 자연스레 적응되었다. 물론 욕실에는 가스 온수기가 있지만, 솥에 따뜻한 물이 있는 한 거의 사용하지 않는다.

아내는 시집온 날부터 여지껏 삼십여 년 동안 아궁이에 불을 때다 보니, 이제는 훤히 요령을 터득해 날마다 불 때는 일을 그리 귀찮아 하지 않는 눈치다. 아내가 싫어했다면 나도 벌써 구들방 메워 버리고 사용이 간편한 기름보일러를 놨을 터이다. 이곳 주변 농가들 거의 대부분이 기름보일러를 쓴다. 배 과수원 지대라 매년 겨울이면 전정을 하기 때문에 잘라낸 가지들을 주워다 아궁이에 불 때고 살았는데, 생활에 조금 여유가 생기면서부터 기름보일러로 교체하고 나니 지금은 죄다 과수원 한쪽에 모아 불태워 버리고 있다.

덕분에 우리는 굵은 나무토막만 입맛에 맞게 골라 주워 오니 땔감 걱정을 하지 않고 살았는데, 아이엠에프(IMF) 이후로 기름값이 치솟으면서 장작과 기름을 함께 사용하는 화목보일러가 유행처럼 번져, 지금은 겨울용 땔감 준비하는 데 여간 신경 쓰이질 않는다.

어려웠던 시절 우리 어머니 세대에서는 쌀독에 쌀이 그득해야 든든했듯, 지금 죽설헌에서는 장작이 그들먹하게 쌓여 있어야 안심이다. 그래도 요즘은 많이 수월해졌다. 기계톱이 보급되어 통나무를 싹뚝싹뚝 쉽게 토막 낼 수 있게 되었으니 말이다. 그 전에는 일일이 톱으로 썰어야 했으니 그 일 또한 보통이 아니었다. 경유를 사용하는 기계톱이 겨울에는 시동이 잘 걸리지 않아 여간 애를 먹이지 않았는데, 전기 기계톱으로 교체한 후로는 유별나게 기계치인 나도 스위치만 누르면 바로 작동되니 아무 걱정이 없다.

아침 운동 후 잠깐씩 토막 난 통나무를 도끼로 쪼개는 것은 일도 아닌 데다가, 몇십 년을 도끼질을 해 대니 한 번에 가운데를 가르는 것이 가능할 만큼 숙달되었다.

쪼갠 장작을 부엌 뒷벽에 쌓아 놓으면 아내는 정원에서 죽은 나뭇가지와 나뭇잎 긁어다 불쏘시개로 쓴다. 그렇잖으면 정원에 죽은 나뭇가

수시로 모아 쌓아 놓은 겨울 난방용 땔감.

지들이 여기저기 나동그라져 있어 지저분해 보일 수 있는데, 도랑 치며 가재 잡듯 정원 청소도 자연스레 되는 셈이다. 싫더라도 잠깐만 신경 쓰면 다음 날까지 뜨끈뜨끈한 아랫목이 유지되기 때문에 그 정도는 충분히 감수할 수 있단다. 사실 늦가을부터 시작해 겨울을 지나 이른 봄까지 매일같이 불 땐다는 게 결코 쉬운 일이 아니다. 물론 여름에는 방 안이 눅눅해지니 비 온 후에나 한 번씩 불을 때지만, 결국 사계절 내내 불을 때는 셈이다.

그래서 시골 생활은 스스로 즐기지 않으면 쉽지가 않다. 경제 논리를 들이대서는 안 된다는 말이다. 남들 골프하는 시간에 정원 손질하고, 수영이나 헬스 하는 시간에 텃밭 가꾸며, 계모임 하며 외식할 때 아궁이에 불 때야 하기 때문이다.

시나브로 쌓아 올린 기왓담

청산도(靑山島)가 일반인들에게 널리 알려지게 된 것은 임권택 감독의 영화 〈서편제〉에서 오정해가 걸었던 돌담길 때문이었다. 그러기 전까지는 아무도 거들떠보지 않았던 청산도 돌담길이었다.

새마을운동으로 시골 길이 넓게 뚫리고 지붕이 개량되어 생활에 큰 변화를 가져다 준 긍정적인 측면 뒤에는, 우리네 아름다운 토속 문화가 사라지고 훼손되어 시골의 전형적인 풍경이었던 돌담과 흙담이 허물어지고 그 자리에 시멘트 담이 들어선 사연이 있다.

장독대에 빼곡히 들어찼던 오지항아리들도 마찬가지였다. 아파트가 들어서고 서구의 식생활 문화가 밀려오면서 간장과 된장을 담았던 항아리들이 애물단지가 되어, 고물상에 팔려 가거나, 담 밖으로 버려지기도 하고, 두드려 깨서 고샅길에 깔면서 점차 없어져 갔다.

우리의 아름다운 한옥의 토(土)기왓장도 마찬가지다. 지붕 위에서 오랜 세월의 풍파와 눈비를 견디며 이끼가 끼고 기와꽃이 피어나 고색창연한 아름다움이 세월의 깊이만큼 간직되어 곱게 내려앉았는데, 새 기와로 교체하면서 깨 버리고 땅속에 묻어 버렸다. 지금은 기계로 대량생산을 해 매끄럽고 규격화된 기와지만, 옛날에는 장인들이 손으로 두드려 만들어서 각기 모양과 규격이 조금씩 다르고 표면이 둔탁한 기와로, 이것이 반세기 이상을 지붕 위에서 견뎌 왔으니 그 한 장 한 장이 그대

죽설헌만의 독특한 풍경을 연출해 주는, 대숲 사이의 기왓담 길.

흰 눈이 수북히 내려 앉아 운치를 더해 주는 기왓담 길.

로 보물이다.

그런 기왓장들이 매우 아름다워 이십여 년 전부터 눈에 띄는 대로 수집하다 보니, 지금은 꽤나 많은 양이 되었다. 지프차 트렁크에 실어 오기도 하고 용달차를 불러서 나르기도 했다.

사실 나는 시골의 돌담과 흙담을 몹시 좋아했는데, 내가 사는 지역은 구릉지 평야 지대라 돌이 없어 돌담을 쌓을 수가 없다. 그렇다고 많은 비용 들여 흙담을 쌓을 수도 없던 차에 고(古)기왓장을 수집하면서 점차 양이 많아지자 산책길을 따라 그저 무작위로 턱턱 쌓아 가다 보니 의도하지 않았던 기왓장 담길이 만들어졌다.

기왓장은 흙으로 두껍게 구워 만든 것이라 꽤나 무거운데, 처음에는 오로지 수집하는 즐거움으로 서너 장씩 번쩍 들어 싣고 내리다 보니, 몇 해 전부터는 허리에 무리가 가 지금은 심한 운동이나 작업을 하지 못하고 기왓장도 두 장씩만 조심조심 허리를 달래 가며 운반한다. 죽설헌의 기왓담길을 처음 보는 분들 중에는 어떻게 저 많은 양을 혼자서 쌓았느냐고 놀라는 분들이 있는데, 이십여 년의 세월 동안 시나브로 쌓다 보니 죽설헌만의 독특한 기왓담길이 생겨난 것이다.

지금은 고기왓장 구하기가 아주 어려워졌다. 대부분의 한옥들은 새 기왓장으로 교체되어 버렸고, 설사 나온다 하더라도 고기왓장에 대한 관심이 높아졌기 때문이다.

죽설헌에서의 고기왓장 수집은 앞으로도 계속되겠지만, 보물 같은 고기왓장들이 죽설헌이 아니더라도 우리 땅 어딘가에 폐기되지 않고 남아 있으리라 생각하면 그래도 안심이고 다행이다.

처음에는 단지 고기왓장이 좋아서 수집했다가 이제는 아주 작은 사명감으로 시골길을 지날 때마다 혹여 버려진 기왓장은 없는지, 기와지붕을 교체하지는 않는지, 무의식적으로 두리번거리는 습관이 생겼다.

그동안 꽤나 많은 정열과 시간과 비용을 들였지만, 죽설헌만의 고기왓장 담길을 만든 것은 결코 후회하지 않는다. 앞으로도 지속적으로 수집하면 후대에 작은 유산으로 남을 수 있으리라는 작은 기대감에서이다.

장 담그는 날

오늘이 정월 그믐에다 말날〔午日〕이어서 장 담그기에 아주 좋다며 아내가 장독대로 장 담그러 간다. 강원도 홍천 서석에서 이곳 전라도 나주로 시집와 어머니 하시는 일을 어깨너머로 배우다가, 어머니께서 돌아가신 후로는 여지껏 배운 그대로 생활의 모든 것을 실천해 가는 아내가 참 고맙다.

아내는 겨울이면 하루에 한 번씩 아궁이에 불 때는 것에서부터 어머니가 쓰시던 싸구려 그릇들, 찌그러진 냄비, 주전자, 바구니는 물론이고, 나무 실패 꾸러미, 보자기, 천 조각 들도 버리지 않고 그대로 물려받아 사용하고, 어머니의 손맛인 된장국, 나물무침, 김장, 장, 된장 등의 맛도 그대로 흉내 낸다. 어머니께 물려받은 묵은 장이 지금까지 계속 끊이지 않고 이어졌으니, 최소한 오십 년이 넘는다.

동짓달 초순에 무쇠솥에 메주콩 삶아 확독(절구통)에 찧어 안방 윗목에 짚 깔고 메주 만들어 꼬독꼬독하니 굳어지면, 깔았던 짚으로 열십자로 메주를 묶어 안방 벽 대나무 장대에 매달아 놓는다. 외출했다 들어오면 메주 뜨는 냄새가 집 안에 가득하지만, 일상이다 보니 청국장 뜨는 냄새처럼 구수하고 시골스러워 좋다. 안방 벽 대나무 장대에 일렬로 매달아 놓은 메주에 실금이 가며 잿빛 곰팡이가 번져 가는 모습도 예쁘다.

동짓달 그믐쯤에 매달아 놓았던 메주를 떼어내 곳간에 넣어 두었다가, 오늘처럼 손 없는 길일에는 장 담그느라 종일 종종걸음으로 바쁘다.
소금물에 메주 담가 잘 마른 붉은 고추와 아궁이에서 금방 꺼낸 참숯 몇
개를 띄워 놓는다. 작년에 담근 장은 대대로 내려오는 묵은 장 항아리
에 날마다 한 대접씩 부어 접장을 시킨다.

한 달쯤 후에는 메주를 꺼내 된장 항아리에 꾹꾹 눌러 담아 된장 만들
고, 무쇠솥에 종일 장 달이느라 안방 아랫목은 누렇게 절절 끓는다. 절
반 가깝게 줄어들도록 끓여야 여름철에 꽃(곰팡이)이 피지 않는다고 한
다.

오십 년 넘은 묵은장과 매년 새로 담근 장이 담겨 있는 장독대.

죽설헌에서 가장 힘든 일

기왓담으로 이어진 질경이 산책길을 걷다가, 대부분의 방문객들은 몇 평이나 되냐고 묻곤 한다. 개인 정원으로는 꽤나 넓은 면적이라 사뭇 궁금한 모양이다. 또한 선친으로부터 유산으로 물려받았거나, 아니면 이미 조성된 정원을 구입해 살고 있는 것 아닌가 하는 생각이 깔린 질문임을 느낀다. 고등학교 다닐 때부터 나무를 좋아해 주변 산에 가서 종자를 받아와 뿌리고, 가지 꺾어다 삽목(挿木)하여 뿌리 내리고 접붙이기 하는 등 한 주 한 주 심기 시작했다. 군 제대 후 직장에 다니면서 결혼하여 몇 년 동안 적금 부은 돈으로 인접한 땅이 나오면 조금씩 조금씩 구입해 정원을 만들어 가다 보니 지금에 이르러, 대략 만여 평 된다고 설명해 주면 순간 '곱하기 얼마' 하는 눈치다.

은행과 농협에 담보 제공해서 대출받아 마이너스통장으로 매달 이자 지불하느라 정신없어도, 조금씩 정원을 조성해 가는 보람과 재미에 푹 빠지다 보니 오늘 여기까지 달려온 셈이다.

정원이 점점 규모가 커져 가고 세월의 이끼가 내려앉을수록, 그리고 우리나라 대부분의 정원뿐 아니라 전 국토가 일본 정원의 영향이 깊이 뿌리박혀 흘러가고 있는 현실을 바라보면서, 가급적 일본과 서구 정원 양식을 배제한 한국적인 내 나름의 생각을 투영해 보고자 하는 생각이 점점 더해져 한 발 한 발 나아가는 중이라, 이곳은 지금도, 앞으로도 멈추지 않는 진행형이다.

가을 낙엽이 진 후부터 이듬해 봄까지는 나무를 심는 시기다. 봄에 일찍 싹이 터 나오는 모란, 작약, 수선화, 상사화, 참나리 등은 늦가을에 옮겨 심고, 추위에 약한 대나무, 차나무, 태산목, 서향나무, 동백나무, 가시나무, 후박나무 등의 난대수종(暖帶樹種)은 봄에 심어야 안전하다.

죽설헌에는 동백, 단풍, 개호두(가래), 쪽동백, 산목련, 밤, 팽나무 등의 종자가 떨어져 이곳저곳 자라나는데, 그래서 인위적으로 조성되었지만 마치 오래된 자연 숲처럼 느껴진다.

이 나무들이 서로 뒤엉켜 자라도록 그대로 방치하면 이미 자리잡아 자라고 있는 나무들에 영향을 미쳐 나무의 수형(樹形)들이 죄다 균형이 깨질 우려가 있으므로, 시기를 놓치지 말고 서로 겹치는 어린 나무들을 파내 옮겨야 한다. 그래서 근래에는 저절로 종자가 떨어져 자라는 나무들만 매년 솎아내듯이 파낸 것만으로도 나무를 새로 구입하지 않고서도 정원을 조성해 가는 데 충분하다. 이런 점이 전혀 예상치 못했던 보너스인 셈이다.

정원을 조성할 때 가장 범하기 쉬운 우는 이런 것이다. 처음에는 이 나무 저 나무 좋아하는 나무들을 욕심껏 심게 된다. 점점 나무가 자라 가지들이 서로 겹치며 영향을 미칠 때, 남겨 둘 나무와 제거할 나무를 정해 놓고 제거할 나무의 가지를 계속 잘라 주다가 몇 년 후 베어내든지 아니면 다른 곳으로 옮겨 심어야 하는데, 처음 의욕과는 달리, 나무들이 커 가면 하나같이 아까워 그대로 방치하거나 계속해서 서로 겹치는 가지들을 잘라 주다 보면 나무를 모두 망치는 경우가 비일비재하다. 심는 것보다 더 중요한 것이, 남길 나무와 장차 제거할 나무를 적기에

죽설헌에서 가장 힘든 일, 예초하기.

구분해 놓고서 관리해 가는 일이다.

죽설헌에서 매년 연례행사처럼 빠뜨리지 않고 하는 일이 바로 나무 옮겨 심기이다.

아내는 이런 나를 보고 애초에 앞으로 클 것을 예상해 아예 넓게 심지 그러냐고 매년 잔소리다. 그러나 정원은 서로 적당한 간격으로 심어야 관상의 가치를 더 높일 수 있고, 일정 시기까지는 서로 경쟁이 되도록 간격을 유지해 주어야 성장도 더 빠르다는 여러 가지 이치들을 치밀하게 염두에 두고 관리해야 잡풀의 발생도 적고 조경미를 극대화시킬 수 있는 것이다.

나뭇가지 하나라도 그대로 남겨 두느냐, 겹쳐서 잘라 주느냐, 그리고 어느 시기에 어떻게 분을 뜨느냐 등이 나무의 생육에 영향을 미치기 때문에, 남에게 맡기지 못하고 힘들더라도 모든 정원 작업을 직접 해야 직성이 풀리고 안심이다.

또한 장마철에는 무섭게 자라는 잡풀들 예초하느라 어깻죽지가 퍼렇게 멍이 든다. 봄가을에는 한두 번 정도면 되지만, 한여름의 장마철에는 예초하고 돌아서면 곧바로 무성해진다. 특히나 산책길은 빗물이나 이슬에 신발이 젖으므로 수시로 예초해 주는데, 언제부턴가 질경이들이 하나둘 자라더니 이제는 질경이만으로 꽉 들어차, 잡초 발생도 줄어들고 전혀 의도하지 않았던 질경이 생태길이 저절로 조성되어 내가 가장 좋아하는 공간이 되었다. 얼마나 다행스러우면서도 예쁜 길인지….

그래도 요즘은 예초기가 있어서 수월하기 짝이 없다. 예초기가 보급되기 전까지는 모두 낫으로 베어야 했으니 힘들고 능률도 오르지 않았으며, 풀 베기가 정원 관리 가운데 가장 힘든 일이었다.

수시로 예초해 주니 키 작은 야생화들이 저절로 들어와 군락을 이루는 보너스까지 얻게 된다.

정원을 남의 손 빌리지 않고 죄다 혼자 관리한다고 하면 도무지 믿기지 않아 하는 눈치들이다. 그도 그럴 것이, 조금이라도 전원생활을 경험해 본 이들은, 단 몇백 평만 되어도 잔디밭과 정원에 풀 뽑아 주다가 결국은 풀과의 전쟁에서 두 손 들고만 경험을 해 보았기 때문이다.

죽설헌에서는 풀을 뽑아 주는 것이 아니라 키 큰 잡풀들만 예초하여 키 작은 야생화들이 스스로 번져 가도록 그대로 놔두고, 나무들은 가지치기하여 수형 잡아 주는 일 없이 자연 상태로 자라도록 두기 때문에 혼자서도 관리가 가능하다.

내가 정원을 손보는 시간은 노동이 아니라 운동이다. 예초기 짊어지고 풀을 베거나 정원을 손볼 때 '나는 지금 필드에 나와 있다'고 생각하기 때문이다. 정원을 손볼 일 있으면 가급적 뜨거운 한낮의 태양을 피해 아침이나 저녁 무렵, 또는 구름 끼어 흐리거나 비 오는 날을 택하여 잠깐 한두 시간 정도만 일하다가 손 털고 일어선다. 비 맞으며 예초하면 땀나지도 않고 시원하며 기분 좋다는 건 경험해 보지 않으면 모른다.

이십여 년 전부터 수집해 온 기왓장 나르는 일도 만만치 않다. 장인들이 손으로 두들겨 만든 옛날 토기왓장들은 크고 무거워 한꺼번에 두 장 이상 드는 것은 무리다. 한창 젊었을 때 서너 장씩 번쩍 들어 옮기다 보니 어느 때부턴가 무리가 가서 지금은 허리가 고장났다. 아내도 함께 도와주다가 허리에 무리가 심해 요즘은 치료하느라 고생이다. 토기왓장 담길의 일종의 전리품인 셈이다. 이것이야말로 돌이킬 수 없는 너무 비싼 시행착오의 수업료다.

이렇듯 매달 은행 이자 갚느라 기진맥진하고 토기왓장 쌓느라 허리가 무너져 내려도, 모든 것이 즐겁고 좋아서 하는 일들이라 별로 힘들다는 생각 없이 여기까지 달려왔지만, 정작 가장 힘들고 어려운 것은 가까운 이웃과의 부대낌이다. 누가 그랬는가, 시골 인심 좋다고…. 그건 깊은 산골마을 얘기일 것이고, 도시와 가까이 있는 농촌은 그렇지 못한 게 현실이다.

　하나를 내놓으면 두 개를 원하고, 두 개를 내놓으면 세 개를 바란다. 열 개를 내놓다가 정작 내가 하나가 필요해서 슬며시 사정 얘기를 꺼내면 언제 그랬냐는 듯 곧바로 칼날이 선다.

　새들이 날아와 과수원에 피해가 심하니 나무들 베어 버리라고 억지 부리고, 나무에 농약 뿌리지 않아 병충해 옮겨 온다고 야단이다. 없는 길 내어 주면 좁다고 불만 터트리고…. 그럴 때마다 맥이 빠진다. 여기도 다른 곳과 별반 다름없이 그저 사람 사는 동네다.

내 정원에 어떤 나무를 심을 것인가

정원에 어떤 나무를 심는 것이 좋겠느냐는 질문을 받을 때마다 나는 다음과 같이 답변해 주곤 한다.

첫째, 그 지역 환경에 가장 적합한 수종을 택하라. 바나나는 열대 지방에서, 자작나무는 추운 지방에서, 선인장은 건조한 사막에서, 버드나무는 습한 곳에서 잘 자라듯이, 현재 나무를 심고자 하는 곳이 따뜻한 제주도인지, 남부 지방인지, 중부 지방인지, 아니면 강원도 깊은 산골인지, 그러면서도 북향인지 남향인지, 양지인지 음지인지, 습한 곳인지 건조한 곳인지, 그리고 비옥한 곳인지 척박한 곳인지 등에 따라서 그 지역 환경에 가장 잘 적응할 수 있는 수종을 선택해야 한다. 그래야 시행착오를 줄이고 성공할 수 있다.

둘째, 본인이나 가족이 좋아하는 수종을 선택하라. 앞에서 언급한 주어진 환경에 따라 심을 수 있는 수종들이 분류가 되면, 그 중에서도 좋아하는 수종을 선택해 심어야 즐거움을 향유할 수 있을 것이기 때문이다.

셋째, 가급적 유실수(有實樹)를 심어라. 유실수는 정원수들과 마찬가지로 조경수로서 동등한 관상 가치를 지니면서도, 꽃도 피고, 열매도 맺는 것을 보는 즐거움, 과일을 수확하는 즐거움, 그리고 새들의 먹이가 되므로 각종 새들을 불러들이는, 그야말로 일석오조의 효과를 볼 수 있기 때문이다. 앵두, 포리똥, 자두, 매실, 살구, 복숭아, 석류, 모과, 호두, 감, 밤, 은행 등 한 그루씩만 심어도 웬만한 정원은 들어찰 것이고, 거의 일 년 내내 과일을 수확하는 즐거움이 있다. 그것도 수종별로 조생종(早生種), 중생종(中生種), 만생종(晚生種)을 각각 심으면 꽃의 색깔이나 개화 시기가 약간씩 다를뿐더러, 과일을 수확하는 것도 조생종이 끝날 때쯤에 중생종이 익어 가고, 중생종이 끝날 때쯤이면 또 만생종이 익어서, 오랜 기간 과일이 익어 가는 기쁨을 누릴 수 있다.

물론 관리해 주지 않고 자연 상태 그대로 기르면 배나 사과처럼 병충해에 특히 약한 것은 온전한 과일을 따 먹기가 힘들지만, 배꽃이나 사과꽃처럼 아름다운 꽃이 피고, 열매가 열려 커 가고, 썩어서 땅에 떨어지고, 새 먹이가 되어 온갖 새들이 날아드는 등, 이러한 정경들을 관조하는 것만으로도 충분하다. 사과와 배는 시장에서 사다 먹어도 되지 않겠는가. 그 외의 여러 가지 유실수들은 전혀 관리해 주지 않아도 제법 과일을 수확할 수 있다.

넷째, 화초 대신 채소를 심어라. 이 또한 유실수와 같은 맥락으로, 오로지 꽃만 관상하는 화초 대신 채소를 심으면, 건강한 식탁과 아울러 꽃도 볼 수 있기 때문이다. 상추, 쑥갓, 무, 배추, 부추, 취, 도라지, 당근, 박, 호박 등은 우리가 무심코 지나치고 의식하지 못해서이지 자세히 들여다보면 어떤 야생화나 화초 못지않은 아름다운 꽃들을 피운다. 무리 지어 핀 노오란 쑥갓꽃이 얼마나 아름다운지. 부추나 취나물, 당근의 하얀 꽃무리들을 누가 안개꽃보다 못하다고 말할 수 있겠는가. 넝쿨장미 올릴 담장에 박, 호박, 수세미, 울타리 콩 등 취향에 맞는 채소를 심어 보라. 또 요즘 허브 식물이 인기가 높아 각종 수입종들로 야단법석들인데,

들깨, 마늘, 부추, 토마토 등 허브 아닌 것이 어디 있는가.

다섯째, 잡초와의 경쟁에서 이길 수 있는 다년생 화초를 무리 지어 심어라. 한 번 심고 나서 신경 쓰지 않고 내버려 두어도 풀 속에서 살아남거나 풀보다 수세가 강한 화초를 심는 것이 잡풀과의 전쟁에서 헤어나는 방안이다. 일년생 초화류는 매년 종자를 파종해야 하고 풀을 뽑아 주어야 하는 등 번거로운 관리가 필요한 데 비해, 구근이나 숙근 등 여러해살이 화초는 한 번 심어 놓으면 매년 그 자리에서 포기가 번져 관리가 훨씬 용이하다. 옥잠화, 비비추, 수선화, 상사화, 꽃무릇, 참나리, 돼지감자(뚱딴지), 작약, 맥문동, 노랑꽃창포, 송악, 파초 등은 한 포기씩 독립적으로 심기보다는 여러 포기를 무리 지어 심어야 풀도 적게 나고 잎이 우거지며, 꽃이 피어도 풍성해서 관상 가치 또한 배가된다.

여섯째, 가급적 손대지 말고 자라는 대로 가만 놔두어라. 나무를 전정하는 순간 자연스러움이 깨지고 인위적으로 바뀌기 때문이다. 유럽이나 일본식 정원은 나무에 손을 대는 데 반해, 한국 정원은 가급적 손을 대지 않고 자연 그대로 놔두는 것이라고 보면 된다.

일곱째, 나무를 심은 후 흑색 비닐 멀칭(mulching)을 해 줘라. 멀칭용 비닐은 흑색과 투명 비닐 두 가지가 있는데, 투명 비닐은 풀들이 비닐 속에서 자라다 빈틈을 뚫고 나올 수도 있지만, 흑색 비닐은 빛을 차단해 아예 풀이 자라지 못하므로 관리가 훨씬 쉽고, 토양의 습기를 유지해 줘 성장이 두 배 이상 빠르다. 묘목을 심고서 나무가 어느 정도 자라기까지 이삼 년 동안은 흑색 비닐 멀칭을 해 주고, 그 후로는 낙엽이나 베어낸 풀들을 나무 아래 깔아 주면 좋다. 용도에 맞도록 적당한 간격으로 구멍이 뚫린 멀칭용 흑색 비닐이 있으므로, 간격 맞추어진 구멍에 종자

스스로 무리지어 피어난, 파초밭 주변의 가락지나물.

나 모종을 심을 수 있어 매우 편리하다.

여덟째, 면적과 장소가 허락된다면, 아주 작은 비닐하우스(열 평에서 스무 평 정도의 규모)는 전원생활의 필수다. 비닐하우스는 인위적으로 집약적인 관리가 가능해, 일 년 내내 무농약 청정 채소를 식탁 위에 올릴 수 있기 때문이다. 노지에서는 종자를 뿌린 후 많은 비가 내리거나 가물면 제대로 재배하기가 어려운 데 반해, 비닐하우스 내에서는 인위적으로 물을 줄 수 있는 시설을 해 놓으면 온도 및 습도 조절이 가능해 노지와는 비교할 수 없을 정도로 재배 관리가 쉽고 성장도 빨라 수확량도 배 이상 많다. 추운 겨울에도 늘 신선한 녹색 채소를 수확할 수 있다는 점에서 비닐하우스의 진가가 발휘된다.

아홉째, 모르면 무조건 시골 농부들께 물어라. 사업에 실패하거나 정년을 맞아 시골에 내려가 농사나 짓겠다고 하는 밑바탕에는, '농사는 별것 아니다' '그리 어렵지 않을 것이다' 하는 생각이 깔려 있다. 몰라도 한참 모르는 얘기다. 겁 없이 달려들었다가 몇 년 만에 진을 다 빼고 다시 도시로 돌아간 사례는 비일비재하다. 그저 편안한 전원생활이 아닌 농사를 지어 소득을 올리고자 하는 경우에는 말이다. 사업이나 정치, 경제, 인문학 등 세상 모든 분야가 특별히 우월한 분야는 없다고 본다. 각 분야 나름대로 전문 분야인 것이다. 오랫동안 시골에서 농사지으며 살아온 농부들은 제각기 자기 분야의 고수들이다. 농사도 따져 들어가 보면 우주선을 쏘아 올리는 것 못지않은 자연과학이 숨어 있다. 시골 농부 중에는 제 이름도 쓸 줄 모르고 그 흔한 논문 한 편 써 본 적 없는 분이라도 언제 콩 심고, 고구마 캐야 하며, 마파람 불면 언제 어느 만큼 비가 올지를 대개는 짐작한다. 외출하고 들어올 때, 동네 분이 고추 모종

심고 있으면 따라서 심고, 메주 쑤면 따라 쑤면서 배워 가는 재미에 빠져들 때 비로소 시골 생활이 몸에 배는 것이다.

한국 정원의 정체성

창덕궁(昌德宮)의 후원인 비원(祕苑)은 왕을 위한 궁궐 정원이었으며, 담양의 소쇄원(瀟灑園)이나 보길도의 세연정(洗然亭)을 비롯한 별서 (別墅) 정원과 전국에 산재된 고택의 정원들은 의식주가 해결된 사대부 가의 정원이었다. 한국 정원의 정체성을 생각할 때에, 궁궐이나 사대부 가들의 정원을 한국 정원을 대표하는 정원으로 보는 것은 심각한 오류 가 아닐까 싶다. 대다수의 서민들은 오직 의식주 해결에 생활의 전부가 걸려 있던 매우 어려운 살림이었기에, 집을 단장하고 정원을 꾸밀 여력 자체가 없었기 때문이다.

나는 우리 정원의 참모습을, 서민 생활 속에서 그 실마리를 찾아보고 자 한다. 농경 사회가 주축으로 이루어진 취락 구조는 옹기종기 한데 모 여 살면서 자연히 마을을 형성하였다. 으레 마을 입구나 가운데에는 정 자나무가 있어, 그 나무 아래는 사람들이 모여드는 쉼터가 되어, 자연스 레 마을의 대소사가 이야기되는 소통의 장이 형성되었다.

나라의 녹을 먹는 관리들이나 생활이 부유한 이들의 기와집에는 기와 담장을 쌓았지만, 거의 대부분은 초가집에 흙담, 아니면 쉽게 구할 수 있었던 대나무나 싸릿대 등으로 울타리를 만들었다. 그리고 한 치의 땅 이라도 놀리지 않기 위해 박이나 호박 등을 심어 울타리나 지붕으로까 지 넝쿨을 유인해 길렀다.

마당은 벼, 보리, 콩 등 수확한 농작물을 타작해야 했기 때문에 잘 다져진 흙마당이었으며, 부엌이 가까운 뒤안이나 마당 한쪽 햇볕이 잘 드는 곳에는 반드시 장독대가 있었다. 그리고 집 주변 텃밭에는 고추, 가지, 상추, 쑥갓, 마늘, 부추, 무, 배추, 파, 강낭콩, 완두콩, 수수, 옥수수 등을 일 년 내내 한 치의 노는 땅이 없도록 심어 가꾸었고, 종자를 받기 위해 남겨 둔 작물들에서는 각종 채소 꽃들이 피고 지고, 피고 지는 연속이었으며, 밭 언덕이나 경계 부근에는 감나무, 밤나무, 대추나무, 살구나무 등의 유실수를 심었다.

나는 이러한 일련의 전경들에서 대다수 서민들의 생활상이 그대로 투영된 한국 정원의 원형을 생각해 본다. 그러니까 한국 정원에는 우리 전통문화의 근간인 장독대가 있고, 맨땅의 마당과 각종 채소를 심어 가꾸는 텃밭이 있어야 할 것이다.

세계 어디를 둘러봐도 간장, 된장, 고추장 등을 담기 위한 장독대는 없으니, 장독대야말로 차별화된 전통문화가 고스란히 계승되어 숨쉬는 공간으로, 한국 정원의 필수적인 요소일 것이다. 또한 목축이 발달된 서구에서는 초지와 잔디가 자연스레 발달했지만, 농경문화인 우리는 오직 농산물을 수확하여 마무리하기 위해 넓은 마당을 이용해야 했기 때문에 잔디를 심지 않은 맨땅이어야 했다.

또한 우리 선조들은 먹고사는 문제가 바로 코앞에 봉착해 있었기에 꽃나무를 심어 아름답게 정원을 만들 여유가 없었다. 빈 공간이 있으면 죄다 농작물을 심어 끼니 해결에 최우선을 두었을 뿐이다. 그렇기에 마당 한편에 맨드라미, 채송화, 민들레, 봉숭아를 심고 맨드라미 꽃을 따 오색떡 만드는 재료로 쓰거나, 봉숭아꽃을 따서 손톱에 빨갛게 물들이

죽설헌 들어가는 뒷길의 고기왓담.

는 정도였으며, 사립문 쪽에 능소화라도 심을 정도면 조금은 여유가 있
거나 꽤나 꽃을 좋아하는 사람이었을 것이다. 하다 못해 나무 한 그루
를 심어도 오동나무를 심어, 딸 시집보내는 밑천으로 썼을까.

비록 조경을 모르고 정원을 일부러 만들지는 않았지만, 생활 그 자체
가 그대로 우리의 정서이고, 고유 문화였으며, 자연 발생적인 한국 정원
인 셈이다. 우리 선조들은 곤궁한 가운데서도 정원에 해학을 담아냈고,
그 한국 정원의 정신을 나는 죽설헌에서 이어 가려 한다.

자연 훔치기

자연을 소유하는 것에는 몇 가지 유형이 있다. 발길 닿는 곳, 눈에 보이는 모든 것을 있는 그대로 즐길 줄 아는 무소유(無所有)의 안목이 있는가 하면, 좋은 정원 가진 이를 가까운 지인으로 사귀어 아무 때고 찾으면, 집 주인은 관리인이고 오히려 객은 편하게 즐기는 주인이지 않겠는가. 또한 전원생활을 즐기기 위해 마음에 드는 적당한 장소를 찾아 손수 집을 짓고 나무 심고 텃밭도 가꾸며, 느리지만 한 발 한 발 시행착오를 거쳐 가며 오랜 기간 정원을 만들어 가는 방법이 있을 것이고, 다른 하나는 풍광 좋고 울창한 나무들이 들어차 이미 잘 어우러진 자연을 구입해서 소유하는, 그러니까 몇백 년 또는 몇십 년의 세월을 일거에 훔치는 방법도 있다.

오랜 기간 나무 심고 가꾸며 온갖 시행착오와 비싼 수업료를 지불하다 보니, 주변환경이나 자연 등의 상관관계를 복합적으로 이해할 수 있는 작은 안목이 생겨나, 집에서 그리 멀리 떨어지지 않은 월출산(月出山) 자락에 경관 좋은 몇백 년 세월의 동백숲 원림(原林)을 훔치는 행운도 안게 되었다.

사연의 시발점은 이렇다. 연금을 받을 수 있는 공직 생활의 최소한도인 이십 년이 거의 다 되어 갈 즈음, 퇴직하면 본격적으로 그림을 그리려고 생각해 보니, 날마다 종일 집에만 있으면 자칫 무료하고 따분할 수도 있겠다 싶었다. 그럴 때 훌쩍 자리를 털고 일어나 분위기를 바꿔 보는 것이 새로운 작업 구상도 되겠다 싶어, 적당한 장소를 마련해야겠다는 생각을 갖게 되었다.

첫번째 후보로는 평소 가장 좋아하는 지리산을 염두에 두고 고민했었는데, 지리산이 워낙 깊고 큰 명산이라 의외로 골짜기 구석구석마다 사람들의 발길이 닿아 있고, 집에서도 상당한 거리가 있어 가볍게 훌쩍 찾기에는 다소 무리가 있을 것 같아 포기하고, 삼사십 분 거리에 있는 월출산이 가장 적합하다고 생각되어 그 주변에 화실을 마련할 생각을 굳혔다.

월출산은, 그림 그리다가도 수시로, 오전 오후 가리지 않고 가벼운 마음으로 오래도록 등산을 하던 가장 친숙한 산이다. 빠른 걸음으로 세 시간 내외면 산을 오르내릴 수 있으면서도, 난대림(暖帶林) 숲, 계곡, 가파른 암벽, 시원히 탁 트인 조망 등 등산의 묘미를 두루 갖춘, 남도 평야 지대에 홀로 우뚝 솟아 있는 바위산이기도 하다. 골짜기 구석구석 다니며 적당한 장소를 물색하던 중, 우연히도 지인의 안내로 천연 동백숲과 아름드리 상수리나무, 참식나무, 감나무, 은행나무, 대나무 등의 수목이 울창하게 우거진 백운동 계곡을 발견했다. 월출산의 따뜻하고 포근한 남쪽 산자락 아래에 일찍이 어느 회사에서 조성한 녹차밭 가운데 위치한 곳이기에 전혀 생각지 못했다.

처음 그곳을 발견했을 때의 가슴 터질 듯한 감동은 지금도 고스란히 간직되어 있다. 때는 마침 삼월이라 윤기가 번들거리는 녹색의 동백잎 사이사이로 진한 붉은 동백꽃이 만발해 있었는데, 그 가운데 다 허물어져 가는 슬레이트 지붕의 아주 작은 집이 있었다. 앞마당 한편에 아름드리 동백나무가 바위틈 새에 버티어 서 있어, 떨어진 동백꽃들이 널찍한 바위와 마당 위로 수북하게 쌓여 붉은 바다를 이루고, 집 뒤편으로는 감나무, 상수리나무, 참식나무, 동백나무 숲이 하늘을 가려 그 안은 한낮에도 어두침침할 정도로 천연림이 우거져 있었다.

집에 돌아온 그날 밤은 뒤치락거리며 잠 한숨 못 이룬 채 뜬눈으로 밤을 새우고, 다음 날 곧바로 달려가 집 주인을 수소문했다. 주인은 도시로 떠난 지 오래되었는데, 연락이 닿아 폐허의 빈집을 화실로 사용하기로 허락받았다. 청소하고 도배하고 구들도 다시 놓으니 마치 스님들 수행하는 토굴을 연상케 하는, 고졸하고 아담한 공간이 마련되어, 백운초당(白雲草堂)이라는 당호도 붙였다. 집에서 그림 그리다 지루해지면, 백운초당으로 달려가 산책하며 쉬고 책 읽다가 그림도 그리며 한껏 여유를 즐겼다.

다행히 인연이 되어 주인으로부터 집과 주변을 인수하고 나서는, 그곳에서 파낸 돌들로 새로 돌담을 쌓고, 칡덩굴 같은 불필요한 잡목들을 제거하니 남은 나무들이 생기를 되찾았다. 지금은 울창한 동백숲으로 거듭나 바닥에는 마삭줄과 송악이 뒤덮고 있는 자연스러운 경관이 연출되기에 이르렀다.

겨울부터 하나둘 피기 시작한 동백꽃이 만발하는 봄이면, 이끼 낀 고목의 백매화, 청매화도 꽃을 피워 은은한 매화 향기가 계곡을 감싼다. 바닥에 흐드러지게 떨어진 붉은 동백꽃으로, 백운동 계곡이 온통 붉은 선혈로 낭자하다. 사실 이때쯤이면 '환장허겄네' 라는 표현이 그리 과장된 것이 아님을, 직접 경험해 보지 않으면 이해하기 쉽지 않으리라.

늦가을이면 집 뒤 토종 유자나무에는 노오란 유자들이 매달려 아내가

월출산 동백나무 숲 인근의 백운초당(白雲草堂).

야생 동백나무 숲 너머로 보이는 기기묘묘한 월출산 봉우리들.

매년 차를 담그는데, 재래종이라 향이 어찌나 강한지 겨우내 유자차 마시는 호사를 누린다. 곶감용 토종 감나무에 가지가 늘어지게 달린 붉은 감을 그대로 놔두면 눈 내리는 깊은 겨울까지 온갖 새들의 먹이가 된다.

백운초당 뒤편 북쪽으로 동백숲 너머 병풍처럼 펼쳐지는 월출산의 정경이 압권인데, 구정봉(九井峰) 주변의 삐쭉빼쭉 솟아오른 바위들이 절묘하게 연출되어, 마치 금강산(金剛山)의 소만물초(小萬物草)처럼 보인다. 남쪽으로는 월출산에서 흘러 내려온 청정 저수지가 바로 발 아래 펼쳐져 있는데, 좌우측의 울창한 소나무, 상수리나무, 대나무 등의 자연 숲이 감싸안아 마치 소쿠리 명당처럼 동남향으로 포근하게 자리한다.

집 뒤편으로는 원주이씨 문중의 집이 한 채 있는데, 일찍이 초의선사(艸衣禪師)와 다산(茶山) 선생이 월출산을 오르고 나서 자주 들렀던 곳으로, 이 집에 머물며 초의선사는 〈백운동도(白雲洞圖)〉를 그리고, 다산 선생은 백운동을 찬하는 시를 남겼던 기록이 최근에 발견되었다. 강진군에서는 남도 삼대 정원 중 하나로 지정하여, 백운동 정원으로 새로이 복원해 놓았다. 그러니까 예부터 이곳 백운동 계곡의 자연 원림과 풍광이 좋아 많은 이들의 발길이 끊이질 않았던 모양이다. 처음에는 욕심이 앞서 어려움을 무릅쓰고 이곳을 확보했는데, 지금은 작은 사명감까지 더해져 가급적 훼손하지 않고 잘 보존해야겠다는 조심스러움이 앞선다.

오늘날은 빼어난 자연환경에 상업 시설이 들어서거나, 무분별하게 개발하거나, 보존한답시고 행정기관에서 예산을 투입해 손을 대면서 오히려 훼손해 가는 가슴 아픈 현실이다. 당초에는 백운동 계곡을 남도에 훼손되지 않은 마지막 보루라 생각하며 이곳에 머물며 그림이나 그리려고 했지만, '대자연의 위용 앞에서 감히 뭘 그리겠다고 덤비겠는가' 하는 생각에 미쳐 지금은 그저 산책하며 쉬고 사색하는 시간만 가질 뿐이다.

'마음가짐을 조심하자. 신이 질투할지 모르니까…'

연못으로 가는 길목, '죽설헌' 이 새겨진 바위 주변에 핀 찔레꽃.

시원(柿園) 박태후(朴太候)는 1955년 전라남도 나주에서 태어났다. 호남원예고등학교
재학 시절부터 나무를 좋아해 인근 산야에서 종자를 채취하여 파종하고 삽목하고
접붙이기해서 정원을 만들기 시작했으며, 그렇게 사십여 년의 세월이 흐르다 보니
자신만의 독특한 죽설헌(竹雪軒) 원림(園林)이 조성되었다. 1977년부터 치련(穉蓮)
허의득(許義得) 선생 문하에서 사군자를 배우기 시작했고, 1978년부터 광주시
농촌지도소에 근무하면서 낮에는 일하고 밤에는 그림 그리는 생활을 하다가,
이십 년 만에 공직생활을 그만두고 전업화가의 길로 들어섰다.
1989년 「제1회 대한민국 서예대전」에서 우수상을 받아 초대작가가 되었고,
한국문인화협회 초대 부이사장을 역임한 후로는 외부활동을 중단하고 자연 속에서
정원 가꾸기와 그림 그리기에만 몰두하고 있다.

리일천(李日天)은 전남 벌교 출생의 사진가로, 이십여 차례의 개인전을 가진 바 있으며,
'광주 미술인 100인 평생 기록 작업'을 진행 중이다.

죽설헌 원림 竹雪軒 園林
화가 박태후의 정원 일기
사진 리일천

초판 1쇄 발행일 2014년 1월 25일
초판 4쇄 발행일 2022년 1월 20일
발행인 李起雄 **발행처** 悅話堂
경기도 파주시 광인사길 25 파주출판도시
전화 031-955-7000 **팩스** 031-955-7010
www.youlhwadang.co.kr yhdp@youlhwadang.co.kr
등록번호 제10-74호 **등록일자** 1971년 7월 2일
편집 조윤형 백태남 **디자인** 최훈 김주화
인쇄 제책 (주)상지사피앤비

ISBN 978-89-301-0456-2 03610

Published by Youlhwadang Publishers
A Story of Jukseolheon Garden ⓒ 2014 by Park, Taewho
Printed in Korea